中国轻工业“十三五”规划教材
全国高等教育艺术设计专业规划教材

Stereoscopic Composition

立体构成

巩尊珉　李　敏　蔺相东　编著

总主编　肖　勇

中国轻工业出版社

图书在版编目（CIP）数据

立体构成 / 巩尊珉，李敏，蔺相东编著. —北京：中国轻工业出版社，2020.1

中国轻工业“十三五”规划教材　全国高等教育艺术设计专业规划教材

ISBN 978-7-5184-1929-6

Ⅰ. ①立…　Ⅱ. ①巩…　②李…　③蔺…　Ⅲ. ①立体造型—高等学校—教材　Ⅳ. ①J06

中国版本图书馆CIP数据核字（2018）第064447号

内容提要

本书以三维立体构筑与点线面基本理论为核心，从理性的角度较系统地讲述了立体构成的心理学、物理学等基础理论知识，旨在引导读者认识立体空间，使读者能够掌握立体构成的基本原理和一般规律，能够运用立体构成表达设计思想。本书图文并茂，在注重理论分析的同时插入了大量各类立体构成作品进行分析，使读者可以更好地认识构成、了解构成，使读者在较短的时间里熟悉立体构成。本书可作为高等院校艺术设计专业的教材，也可供广大艺术设计工作者与爱好者参考。

PPT课件放在每一章里，请放在计算机里阅读。

责任编辑：王　淳　秦　功　李　红　　责任终审：孟寿萱　　整体设计：锋尚设计

策划编辑：王　淳　　责任校对：吴大鹏　　责任监印：张　可

出版发行：中国轻工业出版社（北京东长安街6号，邮编：100740）

印　　刷：北京富诚彩色印刷有限公司

经　　销：各地新华书店

版　　次：2020年1月第1版第2次印刷

开　　本：889×1194　1/16　印张：7

字　　数：250千字

书　　号：ISBN 978-7-5184-1929-6　定价：45.00元

邮购电话：010-65241695

发行电话：010-85119835　传真：85113293

网　　址：http：//www.chlip.com.cn

Email：club@chlip.com.cn

如发现图书残缺请与我社邮购联系调换

200059J1C102ZBW

前言
PREFACE

设计是人类特有且有意识的创造行为，是人类对生活各层面进行规划、思考、表现的过程。它是人类物质与精神文化生产的综合性应用科学，它不仅将生产技术与艺术设计相结合，还能对事物进行深刻思考和研究，涉及自然科学与社会科学的诸多领域。

构成是现代社会流行起来的概念，也是现代社会中用于表述形体的设计用语，简单来说就是将几个或几个以上的元素进行重新组合，形成一个新的元素，并给它赋予一个全新的视觉概念。在现代艺术设计中，构成占有十分重要的地位。本书将重点讲述艺术设计领域三大构成中的立体构成。

立体构成又称为三维空间构成。立体构成是用一定的材料，以视觉设计为基础，以物理力学为依据，将设计造型要素按照一定的审美原则，组合成全新且美好形体的方法。立体构成是以点、线、面、体等元素，进行不断组合、改进，研究空间立体形态的学科，也是研究立体造型各元素之间的通用法则。立体构成的目的是揭开立体造型的基本规律，讲述立体设计的基本原理。

立体构成作为研究形体创造与造型设计的独立学科，所涉及的学科有建筑设计、环境设计、工业造型、雕塑创作、广告设计、视觉传达设计、服装设计、装饰艺术设计、多媒体设计等多个设计行业。除了传统的绘画艺术外，其他各类艺术设计都应该归类于立体艺术与立体造型设计范畴。它们具有共同特点，那就是以实体占有空间、限定空间并与空间一起构成新的环境与视觉产品。因此，也可以称立体构成是一种全新的空间艺术。

通过学习立体构成，进行分析、研究和进行针对性的练习，培养设计师从新的角度去观察事物，而不是单纯的来描述事物的外观。让设计师能用新的空间思维去理解事物，塑造设计师的思考能力与动手能力。

本书共分为六章，分别讲述立体构成的基础知识、点线面的基本概念、空间立体形态、立体空间的构造方法以及形态传达，同时简要介绍了构成与实际运用的知识，使学生能够掌握立体构成的基本体系，培养基本的审美观念。

本书在肖勇教授的指导下完成，编写中得到以下同事、同学的支持：牟思航、余文晰、李文琪、李艳秋、刘岚、邵娜、郑雅慧、金露、桑永亮、权春艳、吕菲、蒋林、付洁、董卫中、邓贵艳、陈伟冬、汤留泉、张泽安、万丹、张葳、祝旭东、张文轩、张姝、代曦、许麒晟。感谢他们为此书提供素材、图片等资料。

编者

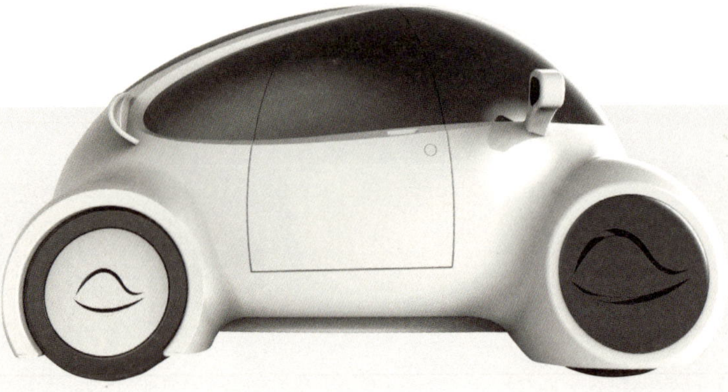

目录
CONTENTS

第一章
立体构成概述

PPT课件，请在计算机里阅读

学习难度：★★★☆☆
重点概念：立体构成概念、立体设计、基本形态

章节导读

立体构成是科学体系的设计思维训练，它既具有抽象思维，又具有形象思维，还具有形象的具体表现。它是从一个全新的角度去认识造型世界，从形态、空间、材料、结构、心理、审美等各方面进行探求；是使用各种基本材料，将造型要素按照美的原则组成新立体的过程。这一章我们将讲述立体构成的基本概念，带领大家初步认识立体构成（图1-1）。

图1-1　生活中的立体构成

第一节　概述

立体构成也称为空间构成，是运用一定材料、以视觉为基础，力学为依据，将造型要素按照一定的构成原则组合在一起的构成方法。是在20世纪20年代德国包豪斯设计学院内首次开设三大构成课的基础上经过改进和发展创立起来的。如今的立体构成是在包豪斯关于立体形态、空间、材料、结构等研究的基础上，在各种艺术流派的影响下，发展而成的一门研究空间立体形态及其实现手段的造型设计的基础课程（图1-2）。

一、立体构成的概念

立体构成是指立体形态的设计、制作方法，是研究空间立体造型的专业学科，是进行立体设计的专业基础，也是研究空间立体关系的学科。

立体构成的过程是一个从分割到组合或从组合到分割的过程，任何形体可以还原到点、线、面，又可以从点、线、面再构成任何形体。所以，点、线、面的观念是立体构成最基本的观念。这种观念受到科学

观念的影响，即受到“任何物体可还原到最基本的程度，又可以重新把这些已还原的基本粒子组构成满足人们生存进步需求的新的物体”这种观念的影响。

立体构成研究的重点在于揭示立体造型的基本规律，阐明立体设计的基本原理，通过立体构成的学习和训练，使初学者了解和掌握立体造型的审美特征及构成方法，并提高对立体造型设计中形式美规律的认识并加以发挥和创造，进而提高其设计能力和审美能力（图1-3、图1-4）。

（a）

（b）

图1-2　立体构成形态

二、包豪斯理论

包豪斯是德国魏玛市的“公立包豪斯学校”的简称，后改称“设计学院”，习惯上仍沿称“包豪斯”。在两德统一后位于魏玛的设计学院更名为魏玛包豪斯大学。它的成立标志着现代设计教育的诞生，对世界现代设计的发展产生了深远的影响，包豪斯也是世界上第一所完全为发展现代设计教育而建立的学院。“包豪斯”一词是瓦尔特·格罗皮乌斯创造出来的，是德语Bauhaus的译音，由德语Hausbau（房屋建筑）一词倒置而成。

在设计理论上，包豪斯提出了三个基本观点：

1）艺术与技术的新统一；

2）设计的目的是人而不是产品；

3）设计必须遵循自然与客观的法则来进行。

这些观点对于工业设计的发展起到了积极的作用，使现代设计逐步由理想主义走向现实主义，即用理性的、科学的思想来代替艺术上的自我表现和浪漫主义（图1-5、图1-6）。

图1-3　蒙德里安格子色彩

三、立体构成的学习目的

在生活中，立体构成的应用非常广泛，除了自然界的山川河流以及各种生物，生活中随处可见的物体中，也包含着立体构成的思维。如建筑、家具、汽车以及生活工具等都是立体构成的产物，所以我们是生活在各种各样的形态构成三维世界中，每一个物品都有其独立的三维形态。

学习研究立体构成，就应该从专业的角度对物体的形态进行观察和分析，了解各个物体的形态是怎么形成的，它的基本形态元素是什么，这些基本形态元素是如何组合起来的，它和以前的形态又有什么关系，从而进一步整理出一些组合规律和构成方法，再运用到新的立体形态组合中去。学习立体构成有以下三个目的。

图1-4　灯具中的立体运用

图1-5　包豪斯学院

图1-6　现代主义建筑

图1-7　薄壳造型

图1-8　堆叠形成的形态

1. 培养造型构思能力

通过认识立体形态的客观特征以及它的加工方法，加上对自然形态和其他立体应用形态的形式规律以及诸多历史、文化因素加以介绍和分析，使我们能较为充分和宏观地理解真正意义上的“美的立体形态”和“构成”，帮助我们领悟形态、提高立体造型能力，并为进入专业设计课程起到承上启下的作用。

2. 培养立体感觉

感觉其实是指人的直观判断力。从事艺术工作一定要注重感觉，感觉的好坏会直接影响到艺术作品的好坏。“立体构成”注重的是对逻辑思维的培养，但同样离不开对感觉的培养。进一步说，立体感觉是对形的体量把握。

3. 提高表现技巧

立体构成不仅是对材料媒介的运用，对个人情感、认识和意志的表达，也是逻辑思维的运筹。因此，必须注重研究三维空间中视觉艺术的形式语言、表现要素和组合规律（图1-7、图1-8）。

- 补充要点 -

包豪斯学院的影响

包豪斯一直被称为20世纪最具影响力也最具有争议的艺术院校，在当时它是乌托邦思想和精神的中心。它创建了现代设计的教育理念，取得了在艺术教育理论和实践中无可辩驳的卓越成就。包豪斯的历程就是现代设计诞生的历程，也是在艺术和机械技术这两个相去甚远的门类间搭建桥梁的历程。无论是在建筑学、美术学、工业设计，包豪斯都占有主导地位。

包豪斯的设计教育观念：

1）技术和艺术应该和谐统一；

2）视觉敏感性达到理性的水平；

3）对材料、结构、肌理、色彩有科学的、技术的理解；

4）集体工作是设计的核心；

5）艺术家、企业家、技术人员应该紧密合作；

6）学生的作业和企业项目密切结合。

－经典设计赏析－

亚克博亚维茨广场（图1-9）

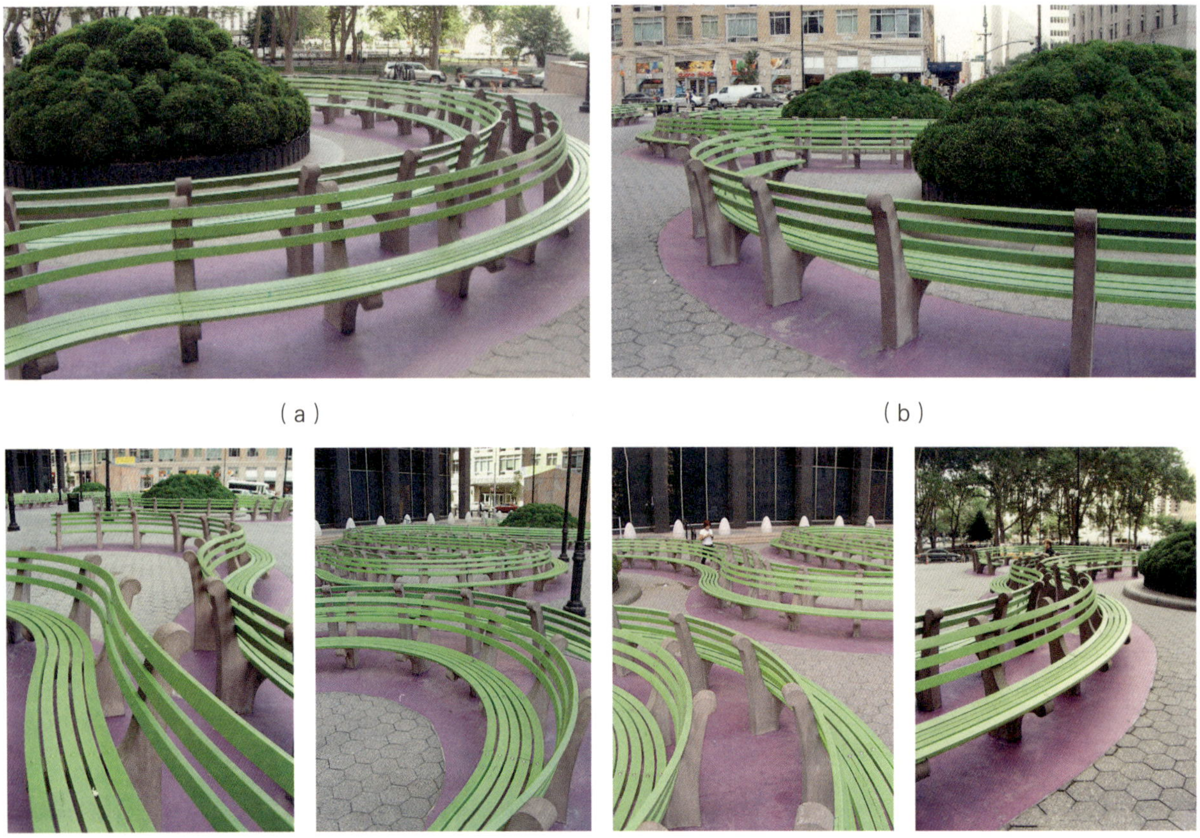

（a）（b）（c）（d）（e）（f）

图1-9　亚克博亚维茨广场

第二节　形态概述及基本要素

形态包含了两层意思，即形状和神态。因此形态不仅仅是指形体的外在形状，还包括形体给人的感觉及形体自身所蕴含的意义。从这个角度来说，任何物体都是由“形”和“态”组合而成的，因此在设计中既要创造一个美的造型，同时也要给这个造型赋予一种美的姿态（图1-10）。

一、立体形态概述

立体形态按虚实关系来划分的话，可以分为三类：实体、虚体和灰空间。

1. 实体与空间

在这里首先要区分实体和空间的含义。实体就是通常看得见摸得着，实实在在的物体，有一定形状和明确的空间意义。

虚体指的就是空间，它是相对实体而言的，是实体周围的空间，看不见也摸不着，同时也指物体之间的相互关系，空间是实体形成后的必然结果。

灰空间也称为泛空间。最早是由日本建筑师黑川纪章提出。其本意是指建筑与其外部环境之间的过渡空间，以达到室内外融合的目的，比如建筑入口的柱廊、檐下等。也可理解为建筑群周边的广场、绿地等。

实体和虚体是一对矛盾的统一体，两者相互依存，缺一不可。实体和虚体在空间中呈现出两种完全不同的强对比特征，具有明显的空间意义：实体——占据空间；虚体——连接空间。虚体不仅围绕着所在实体，而且与实体相互渗透。在室内设计中，巧妙地使用空间分割，可以让实体具有功能性和展示性，使实体和空间相互呼应，呈现出一种不同的美感。巧妙地利用实体和空间之间的关系，可以设计出充满灵动性和趣味性的整体效果（图1-11、图1-12）。

2. 空间形态

立体形态若按空间状态来分类，可以分为四类：实体空间、封闭空间、半封闭空间和透空空间。实体空间在这里不进行重复解释。

（1）封闭空间。又称为即虚空间，是指周围被实体全部包围的空间，如楼房、玻璃温室等。对于不透明材料，封闭空间和实体在外表上没有区别，只有当人的视角进入封闭空间内部，封闭空间才显示出较强的领域性、拒绝感和安全感。

（2）半封闭空间。虚空间的周围被实体部分包

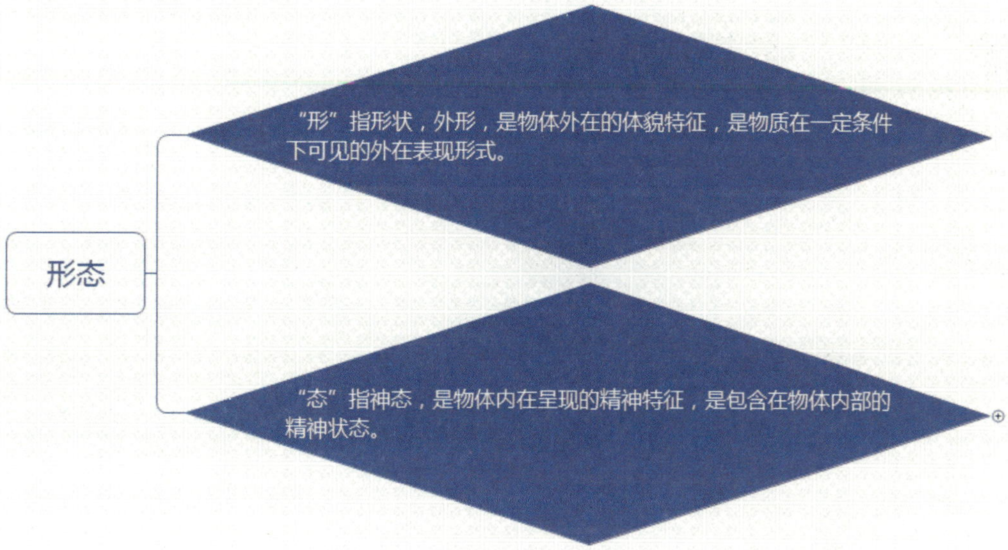

图1-10　形态要素

（a）

（b）

（c）

（d）

图1-11　实体

（a）

（b）

图1-12　立体雕塑

（a）（b）（c）（d）

图1-13　空间感知形态

围，如分割的空间组、展览会的展示区域等。

（3）透空空间。实体中间被虚空间穿插，如亭子、透空的太湖石等。透空空间增强了空间的流通性，给人以开放、开朗的感觉，但领域感较弱（图1-13）。

3. 具象形态与抽象形态

具象形态是提炼程度低的形态。一般分为两类，自然形态和人为形态。自然形态是指自然运动形成的各种形态，如动物，植物等。人为形态，是指人类在认识和改造自然的过程中，利用自身的身体或一定的工具，对各种材料或自然形态进行加工处理创造出来的各种形态，如各种家具、雕塑、建筑、生活用品、家用电器、交通工具等。

抽象形态是指提炼程度高的形态。可分为几何形态和符号形态。几何形态是指经过精确的定义和计算而做出的形体，具有庄重、明快、理性的特性，如常见的圆形、方形、三角形等。符号形态是指对现实形态的一种抽象和概括，是一种表示成分与一种被表示成分之间的结合体，如平时常见的标志、商标或图案等。它是经过高度提炼的，纯粹的意识观念。抽象形态必须由自然形态经过变形夸张，达到装饰形象，再进行提炼归纳。凡是由自然形态提炼变化而来的形态，都是抽象形态（图1-14～图1-17）。

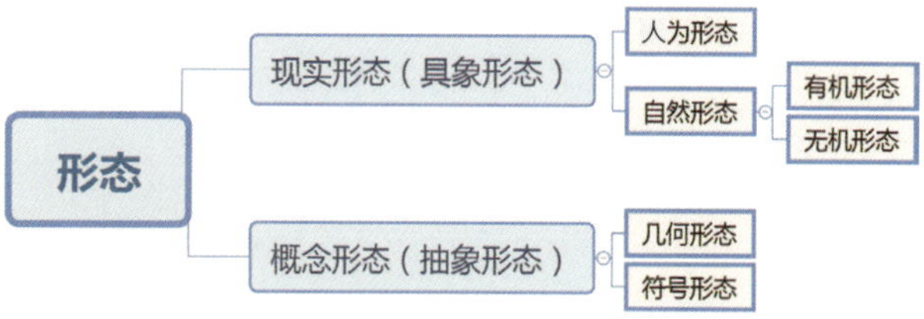

图1-14　形态分类

（a）　　　　（b）

图1-15　自然形态

（a）　　　　（b）

图1-16　几何形态

（a）　　　　（b）　　　　（c）

图1-17　符号形态

具象形态与抽象形态之间没有严格的界限。事实上，人类的形态创造活动都是对自然形态的加工。

二、立体构成的基本形态要素

任何形态不论其如何复杂，都可以归结为点、线、面、体、空间等基本要素的组合。它们是构成立体形态的基本要素，也是构成立体形象的材料和空间特征，所有立体形态都是由点、线、面、体、空间等基本要素加工组合而成的。

（a） （b）

图1-15 自然形态

（a） （b）

图1-16 几何形态

（a） （b） （c）

图1-17 符号形态

具象形态与抽象形态之间没有严格的界限。事实上，人类的形态创造活动都是对自然形态的加工。

二、立体构成的基本形态要素

任何形态不论其如何复杂，都可以归结为点、线、面、体、空间等基本要素的组合。它们是构成立体形态的基本要素，也是构成立体形象的材料和空间特征，所有立体形态都是由点、线、面、体、空间等基本要素加工组合而成的。

(a)

(b)

(c)

(d)

图1-13 空间感知形态

围，如分割的空间组、展览会的展示区域等。

（3）透空空间。实体中间被虚空间穿插，如亭子、透空的太湖石等。透空空间增强了空间的流通性，给人以开放、开朗的感觉，但领域感较弱（图1-13）。

3. 具象形态与抽象形态

具象形态是提炼程度低的形态。一般分为两类，自然形态和人为形态。自然形态是指自然运动形成的各种形态，如动物，植物等。人为形态，是指人类在认识和改造自然的过程中，利用自身的身体或一定的工具，对各种材料或自然形态进行加工处理创造出来的各种形态，如各种家具、雕塑、建筑、生活用品、家用电器、交通工具等。

抽象形态是指提炼程度高的形态。可分为几何形态和符号形态。几何形态是指经过精确的定义和计算而做出的形体，具有庄重、明快、理性的特性，如常见的圆形、方形、三角形等。符号形态是指对现实形态的一种抽象和概括，是一种表示成分与一种被表示成分之间的结合体，如平时常见的标志、商标或图案等。它是经过高度提炼的，纯粹的意识观念。抽象形态必须由自然形态经过变形夸张，达到装饰形象，再进行提炼归纳。凡是由自然形态提炼变化而来的形态，都是抽象形态（图1-14～图1-17）。

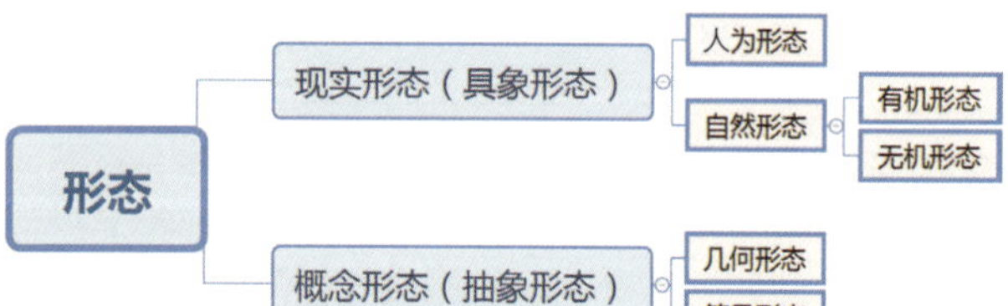

图1-14 形态分类

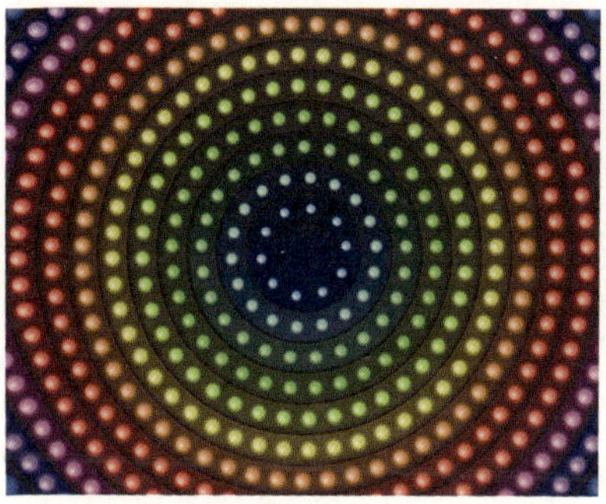

(a)

(b)

图1-18　点的形态

(a)

(b)

(c)

(d)

图1-19　点的运用

1. 点

在几何学中，点是纯粹的抽象概念，几何学上的点只有位置，而无长度、宽度和厚度。在立体构成中，为了使我们看得见、摸得着，只能将几何学上属于零次元的无实际质扩大为三次元的有实际质的个体来表现。

（1）点的分类。立体构成中的点通常分为两类：实点和虚点。实点是指在现实中存在的点，它有面积、大小、位置等直观的视觉感受。而虚点相反，它不具有实体特征，是借用空间状态所反映的一种抽象概念，如重心点、中心点、分割点等（图1-18）。

（2）点的作用。点可以点缀于空间中，起到活跃气氛的作用，给空间带来丰富的变化和动感。同时，点的凝聚会产生视觉引力，而点的量变会产生不同的视觉引力。一个点具有紧张性，当只有一个点的时候，人们的视线就会集中到“点”上面；当有两个相同的点的时候，人们的视线会在两点之间移动，而产生线的感觉；当有两个大小不同的点的时候，人们的视线首先会集中到大点上面，然后转移到小点上面，因为人们的视觉习惯和视觉方向常常带有秩序性，即由大到小、由左到右、由上到下、由近到远的顺序；当有三个性质相同的点时，则会产生虚面的感觉，点越多虚面效果就越强烈（图1-19）。

（3）点的构成。因为排列方式、大小、距离等因素的不同，点可以产生各种不同的变化。点的排列和距离上不同，可以在视觉上产生线面形态的变化。在立体构成中，点形态很少作为独立的结构来进行造型，它通常与线材等其他材料结合运用。造型上点的线化主要由距离和方向决定，如将相同的点连接可成虚线，其距离越近，线的感觉越强。点与线的构成很好的结合起来可以给人耳目一新的感觉（图1-20）。

2. 线

在几何学中线是这样定义的：线是点移动的轨迹，只具有位置和长度而没有宽度和厚度。从造型要素上来讲，线是具有长度的一次元要素，它的特征是以长度来表现的。与其他造型元素相比，线具有连续的性质，粗细与长短有着极端的变化就成为线。

（1）线的分类。线的形态变化多样，一般将之分为直线与曲线两种形式。当点的移动方向一定时，就成为直线；当点的移动方向变换时就成为曲线；点

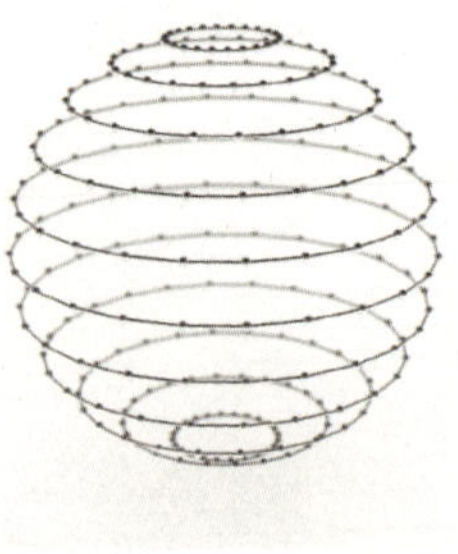

（a）

（b）

图1-20　点的形态构成

（a）

（b）

图1-21　直线的表现形态

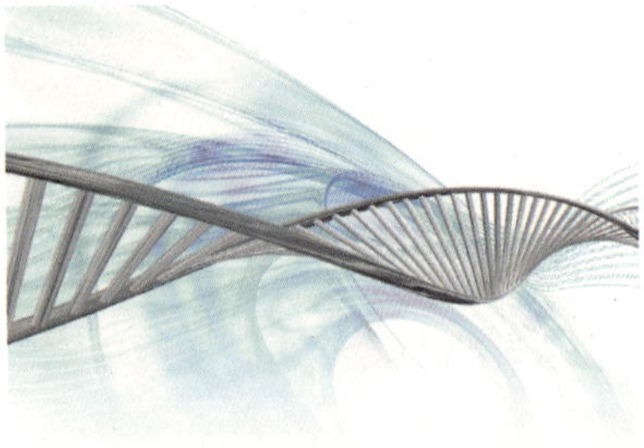

（a）

（b）

图1-22　曲线的表现

图1-23　棉线

的移动方向间隔变换而成的是曲折线，它介于直线与曲线之间。

1）直线。直线是男性的象征，具有简单明了、直率的“性格”。它能表现出一种力的美。直线的不同一般显示在长度和方向上，大致包含垂直线、水平线、折线等。垂直线能表达出上升下落的力度感，具有严肃、庄重、高尚、强直等“性格”。水平线能展现横向的扩张感，给人静止、安定、平和、寂静、疲惫的感觉。折线相对直线来说，更加活泼生动，具有更强的延伸感。斜线向外倾斜有延伸感，向内有汇聚感，给人飞跃、向上、冲刺、前进的感觉，也最容易给人不安定的感觉（图1-21）。

2）曲线。分为自由曲线和几何曲线。几何曲线是用圆规绘制而成的曲线，含有弧线、螺旋线、抛物线等。相对于直线来说，几何曲线更具有规范性，它是女性化的象征，比直线更具有温暖的感情“性格”。曲线有一种速度感或动力、弹力的感觉。而自由曲线相比几何曲线，性格更为突出，它是用圆规表现不出来的曲线，随意性更大，更具有曲线的特点，富有自由优雅的女性感（图1-22）。

（2）线材种类。从性能上来进行分类，线材大致可以分为硬性线材和软性线材两种（图1-23、图1-24）。

1）软性线材。如绳索、丝带、枝条等，在视觉和触觉上给人一种亲近感，使用方便，有较大的选择余地与空间。

2）硬性线材。如铁管、木条、钢丝等。硬性材料相比软性材料自身已经具有一定的形态，通过外力可以改变其长短、粗细、曲直等形态，给人一种稳定，坚固的感觉。

（3）线的构成。在结构中，线起到了基础的作用，它能决定造型的结构以及形态的方向，同时强调物体的结构。线的构成方式大概分为线框、线层两种。

1）线框构造。线框就是框架，即一体的结构关系。能显示出组合的感觉，主要有四种变化方式（图1-25）。

①重复。用一定数量的相同平面框架进行有序的

排列或者相交堆积，但在构造时需要遵守力学和重心规律。

②渐变。用不同的线框进行有规律有节奏的排列和穿插，在构造时需要注意相互关系之间的合理性。

③类似。用类似形状或材质的线框进行排列组合，可以体现出形式多样的变化效果。

④对比。线材有许多方式的对比，如形状、大小、曲直、粗细、位置等，通过一系列对比，产生不同的变化关系。

2）线层构造。线层是指用线材或者平面框架有序排列或者透叠组成的立体造型，它能够产生多种空间变化效果。线层构造的规律大约分为以下四种：

①平面线层。平面线层随结构的变化而发生变化，通常由单一线层排列和单元线层透叠组成。

②曲线层。曲线层也属于同一曲线重复排列的构造，一般将曲线以渐变的方式进行排列或透叠进行构成。

③垒积构造。垒积构造是将线材用连接，穿插等方式进行堆叠组合的构成方式。形态关系多靠摩擦力来维持，因此容易受到横向推力的影响从而改变形态。垒积构造包含单体垒积和转体垒积。在制作时一般会做防滑处理或进行粘合以保持形态，避免因为倾斜而导致的坍塌。

④拉伸构造。通过锚固、稳定等方式将线材拉伸，从而产生出具有力度感和重量感的形态（图1-26）。

3. 面

面在几何学中的含义是：线移动的轨迹。直线平行移动为方形；直线回转移动为圆形；倾斜的直线平行移动为菱形；直线以一端为中心，作半圆形移动为扇形。

图1-24 木条

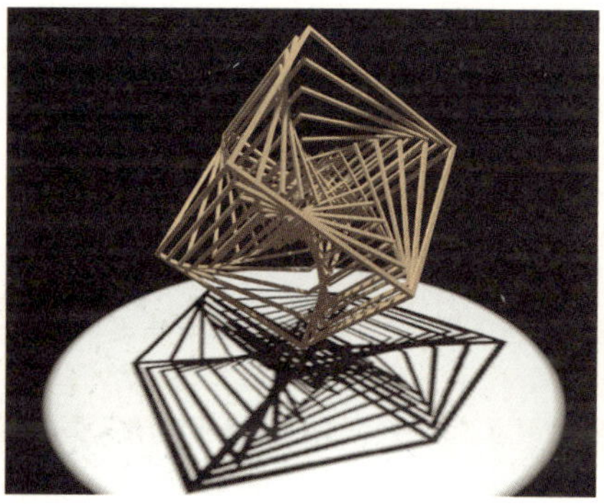

（a）

（b）

图1-25 线材表现结构

（a）

（b）

图1-26 线层构造

补充要点

灰空间的概念

“灰空间”的概念，最早是由日本建筑师黑川纪章提出来的。“灰空间”一方面指色彩，另一方面指介于室内外的过渡空间。对于前者他提倡适用日本茶道创始人千利休阐述的“利休灰”思想，以红、蓝、黄、绿、白混合出不同倾向的灰色装饰建筑；对于后者他大量利用庭院、走廊等过渡空间，并将其放在重要的位置上。而就我们一般人的理解，就是那种半室内、半室外、半封闭、半开敞、半私密、半公共的中介空间。这种特质空间一定程度上抹去了建筑内外部的界限，使两者成为一个有机的整体，空间的连贯消除了内外空间的隔阂，给人一种自然有机的整体的感觉。

按照我的理解，就像灰色是黑白的过渡色一样，“灰空间”就是封闭空间与开放空间的中介，或者说是内容与功能不同的空间之间的过渡空间。由于它的存在，冲破了封闭空间的制约而争取与户外空间取得更加广泛的联系，从而使主体与客体情景交融（图1-27）。

（a）

（b）

图1-27 灰空间表现

面具有长和宽两个方向。立体构成中的面，虽然有厚薄之分，但厚度要比长和宽小很多，否则变为体。

面的表面有一种扩张感、延伸感，当几个面围合在一起出现一个封闭形态时，它就有体的形象，如包装盒。面的形状除了由其自身的形状（如几何形中的正方形、圆形、三角形、多边形等，或是不规则形）决定以外，还随着人们视线的不同，呈现不同的形态。

（1）面的分类。从感官上来划分，可以分为实面和虚面。从空间形态上划分，可以分为平面和曲面两大类。平面具有二维空间的特点，曲面具有三维空间的特点。

1）实面。在二维和三维空间中真实存在的面。

2）虚面。平面构成的“底”经过图底反转的面。

3）平面。平面可以分为几何平面和自由平面两类。如长方形、正方形、三角形等规则平面，称为几何平面，几何平面给人概括、简洁、理性的感觉。自由平面则变化多样，没有规则性，但给人灵动和个性的感觉。

4）曲面。曲面和平面类似，也分为几何曲面和自由曲面两类。几何曲面给人明确、规则、有秩序的动态之美，自由平面则呈现洒脱的感觉（图1-28、图1-29）。

（2）面材介绍。立体构成中常用的面材有纸板、玻璃、塑料板、泡沫板、胶合板等。在设计中，面材的实用性很强，所以被广泛的应用于现代生活中。无论是软性还是硬性的材料，都可以通过有效的组合方式使其看起来更具有艺术美感（图1-30）。

（3）面的构成。可分为直面构成和曲面构成。

1）直面构成

①层面排列。指一定数量的面材按照一定秩序进行有序排列的立体构成形态，通过大小、形状的面型变化、排列形式、构造方法等手段，让面的组合效果变化而多样。

②插接构成。插接构成分为几何形平面插接和自由形平面插接两种方式。插接构成的基本工艺就是在面材上割出切口，然后将其相互插接组合。

③折板构造。指在一个平面上，不经过任何手段，只进行直线的曲折，例如，进行重复折曲称为梯形。通常在进行折曲时我们会在突出的棱线上加入一些其他的工艺，如切割，拉伸等手段进行二次加工，使之呈现出多样的立体形态（图1-31）。

图1-28　直面表现

图1-29　曲面表现

（a）

（b）

（c）

图1-30　常用面材

（a）

（b）

图1-31　面的构成运用

（a）

（b）

图1–32 曲面构成

（a）

（b）

图1–33 曲线的表现形式

2）曲面构成。主要有以下几种（图1–32、图1–33）。

①带状构成。指带状材料经过卷曲翻转后形成的连续曲面的立体形态。具有强烈的连续性和节奏感，有很强的趣味性。

②切割反转。将面材切割后，材料卷曲翻转就可以得到各种不同形式的面，具有动感和节奏感，有增强空间层次和视觉效果的作用。

③薄壳构造。指将面材弯曲折叠来增加材料强度的形态，一般分为球形和筒形两大类。球形壳体用弧线折叠成曲面，边缘收缩中间隆起；筒形壳体则注重线条的层次变化和整体的完整性，以构成统一且主次分明的视觉效果。

4. 体

几何学的定义为：体是面移动的轨迹。体有位置、长度、宽度、厚度，但无重量。立体构成中的体是三次元空间，无形中就占有实质的空间，具有体积容量、重量特征。正量感表现实体，负量感表现虚体。无论从哪个角度都可以从这里感知它的个体性，使人产生强烈的空间感。不同形状的体给人的视觉感受是截然不同的。棱角尖锐的体块给人以坚硬、冷漠、难以接近的视觉心理感受；反之，圆润柔和的体块给人温柔、亲和、舒适的感觉。

（1）体的分类。体块可以分为几何形体、自由形体、几何曲面体、自由曲面体四种。几何体表面平整，有规则的直线棱角；自由形体则是自然形成的不规则形态；几何曲面体由几何曲面线形边的平面旋转一周而成；自由曲面体则多变化，如汽车照明灯表面是自由曲面形式。

（2）体的构成

1）切割。切割是指一个形体被切割、分散，然后重新进行组合的表现形式，可分为几何形式和自由形式两种。

2）扭曲。将形体通过外力的作用进行扭曲，扭曲的力度决定了造型的特点，轻度扭曲呈现优美、缓和的特点，强烈扭曲具有爆发性和力度感。

3）插接。在完整的形体上进行人为插接，使形体具有视觉冲击力（图1–34）。

（a）

（b）

图1-34　插接构成

5. 空间

空间是指实体形态之间，或被实体形态包围的间隙，可分为物理空间和心理空间两大类。与运动现象中静的运动和动的运动对应起来，动的运动表现为物理空间，静的运动表现为心理空间。

物理空间是实体所包围的、可测量的空间，和物质一样，它是不依赖人的意识而存在的客观实在。这里所说的“空间”，不是一般意义上的空间维度的组织，而是专指限定性空间形体的创造（图1-35）。

心理空间是没有明确边界却可以感受到的空间，即空间感，其本质是实体向周围的扩张，这是人类知觉产生的直接效果。心理空间是实际不存在但能感受到的空间，这就是所谓的空间感，它是人们受到空间信息和条件的刺激而感受到的空间。

（a）

（b）

图1-35　建筑的空间感

补充要点

黑川纪章的建筑思想

黑川纪章重视日本民族文化与西方现代文化的结合，认为建筑的地方性多种多样，不同的地方性相互渗透，成为现代建筑不可缺少的内容。

黑川纪章将其共生思想概括成几个基本组成部分：异质文化的共生、人类与技术的调和、部分与整体的统一，内与外的交融、历史与现代的共存、自然与建筑的连续。他试图以共生思想来改变西方中心和理性主义，并表达出自己根植于日本文化的意愿。黑川将所有的建筑元素都看作是相互间能够产生意义和气氛的词汇或符号（图1-36、图1-37）。

图1-36　日本国立美术馆

图1-37　日本舱体大厦

课后练习

1. 什么是立体构成？
2. 简要说明包豪斯理论的基本观点。
3. 立体构成的空间形态分为几类，它们各有什么特点？
4. 简要概括具体形态和抽象形态的区别。
5. 立体构成的基本形态要素是什么？
6. 运用形态要素的点，完成1个立体构成练习。
7. 运用形态要素的线，完成1个立体构成练习。

第二章

空间立体构成的审美特征

PPT课件，请在计算机里阅读

学习难度：★★★★☆
重点概念：立体空间、量感、肌理

章节导读

在人们意识的感性范围内，立体形态既是物理的，也是心理的；既是要素的，也是感觉的。立体形态的审美特征，就是创造立体形态美的规律。人们按照规律来创造形态，才能从中感受到审美的愉悦。研究立体形态的审美特征有助于提高我们的审美能力和创新能力。因此这一章将讲述立体构成中的普遍审美规律（图2-1）。

图2-1　三角立体

第一节　立体构成的形式美

在生活中，虽然每个人对美的看法不同，但是人类共同的社会属性决定在物质形态外在审美情趣方面都趋于相同。这种共同的审美特征就是形式美的法则。美的形式法则是一切造型活动不可缺少的重要原则。凡是带有形象的设计，不论是平面设计还是立体设计都需要表现出美感，这也是对设计人员提出的美学要求。形式美是美的一种范畴，既指客观事物和目的性的外观形式，也指构成事物的物质材料的外在属性如形、色、质等及其组合规律所呈现出来的审美特性。它是人类在长期的劳动、生活中所形成的审美意识。任何艺术作品，离开形式美，就会失去魅力，不能起到感染人的作用。

从古希腊时期，人们就开始注重对形式美的研究和探讨，并归纳和总结了许多关于形式美的法则，如变化与统一、对比与调和、对称与均衡、稳定与轻巧、比例与尺度、节奏与韵律等形式美法则，是一切造型活动不可缺少的重要原则（图2-2）。

一、对称均衡

在立体构成中，无论是简单的还是复杂的形体，如果以形体的垂直或水平线为轴，当它的形态呈现为

(a)

(b)

(c)

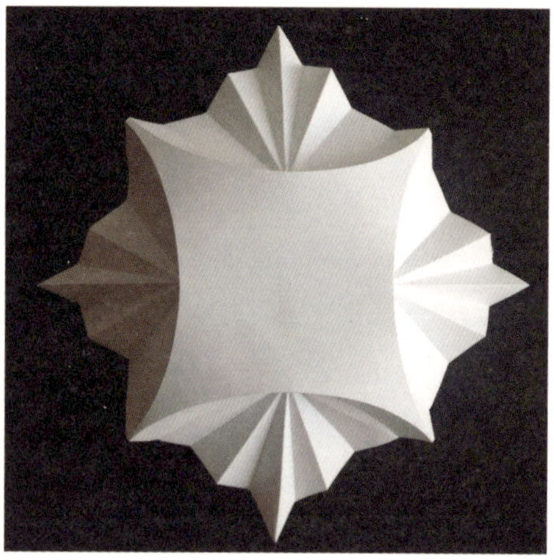

(d)

图2-2 立体的对称与均衡

上下、左右或多面均齐就称为对称。对称是一种典型的秩序方法，即以中轴线为基准，左右两边的形态相同，它给人以庄重、有条理、大方、完整的感觉。在自然界中有许多对称的现象，例如人体、飞机的双翼、植物的叶子等。人们在观看这类形体时，对称形式美感往往会给人带来审美趣味的满足。人在观察对称的形体时感觉两边产生的魅力一样大。视线在两边之间来回游动，最终视点落在形体的中间点上，获得视觉上的愉快和享受。对称形式的特点是整齐、统一，具有极强的规律性。历代宫廷建筑、纪念馆等庄重建筑可以说是对称建筑的杰作。这是因为对称这一形式是最完美、最好的表现形式，是任何其他形式所不能取代的。在对称形式中，建筑物中心轴线两边的形和体量完全一样，当把对称的中心加以强调，安定之感就会油然而生。为了从功能上体现庄重，形体越是复杂的建筑越是要强调对称性，防止视线的动荡产生不安定感。世界上许多国家的议会大厦之所以采用对称形式，就是为了体现庄重之感。这不仅是功能的需要，而且因为它是功能与表现形式的最完美、最恰当的结合。

对称包括绝对对称和相对对称，在形态设计中，对称的表现手法经常被采用，它是较好的表现形式，能给人以庄重、严肃、条理、大方、静穆、完美、稳定的感觉。在立体构成中可以灵活运用对称形式，但若处理不当，则有可能产生单调、呆板的感觉。在现代，对称形式也被广泛应用于生活。

均衡这种平衡形式是指形态的各种造型要素如形、色、肌理等和物理量给人的综合感觉。均衡是指物体各部分之间前后、左右的相对轻重关系。由于造型中所采用的比例、尺度、材料、结构色彩等因素不

图2-3　对称建筑形式

同，故表现出来的重量感也是不同的。研究和分析形态的均衡与稳定，就是为了获得造型的完整和安定感。均衡原理建立在力学基础上，因而视觉平衡力学不仅体现在形态的各种要素上，同时也体现在物理重量感上，并不单纯是指地球对物理形态的引力作用。它往往以同量式或异量式表达平衡的美感。

均衡具有变化的活动感，是不规则的、非对称的平衡，如处理不当，容易产生失衡和杂乱之感。处理好物体形态的虚实、表里、整体与局部的关系，是获得良好均衡感的关键。在立体设计中，不仅外部形态要以平衡体现，内部设计中也要以平衡作为原则，这是因为任何立体形态的表现都要以平面为支撑点、面，且平面决定了视觉感知的先后次序。

一般来说，大的形比小的形具有更大的心理量感，彩度高的形比彩度低的形具有更大的心理量感，明度低的形比明度高的形具有更大的心理量感。这些都是处理均衡关系时应注意的地方（图2-3～图2-4）。

二、对比调和

对比是指突出事物相对抗性的因素，使个性鲜明化。在一幅立体构成作品中，除了平面要素上的对比运用外，还要有空间形象前后层次的安排，要有第一、第二或第三的排列次序，和有窄有宽的间隔变化。

图2-4　立体的色彩均衡

调和是指整体中各个要素之间的协调同一。在设计中，达到调和的手段，在形象特征上，可采取渐变的形式，或者增加其重复和近似的造型形象，使整个作品中，增强一致的因素。这样才能使作品达到和谐的效果，给人以美感。

不同形状和体量的形态构成使形体呈现出对比与

调和的关系。反映这种关系最典型的是简单的几何形体。如正方体、球体、圆柱体、圆锥体。它们之间具有统一感和整体性，使人最容易认识和理解对比与调和。几何原理的形式美感不仅从它本身得到体现，还在其他艺术中、建筑上表现得淋漓尽致。世界上许多著名建筑因为很好地运用了几何原理成为建筑艺术史上的丰碑。从古埃及的金字塔到古罗马的万神庙，还有古罗马大角斗场。无不折射出这种最主要和简单的对比与调和。设计师的成功就在于巧妙地将各种形状从属于基本形，使基本形这一特征得到强调。

对比与调和要突出主体，强调其他部位对主体的从属关系，同时通过控制主从关系，尽量用形体中细部的形状来取得对比与调和的效果（如古罗马大角斗场每一个细小的形体都从属于椭圆形状）。强调高度，加强高低对比是突出主体的一种方法，因为当形体高低反差大，且有一定的体量结合时，就会产生力量感。另一种突出主体的方法是次要部位的形状与主体相同而体量较小，尺寸也较小。如同法国巴黎的凯旋门中央门道的尺寸明显大于两边步行门道的尺寸。一方面，在视觉上、高的形体比低的形体更容易吸引人的视线，圆的比直的更令人注目，因此对比手法的运用能起到引导视线的作用；另一方面，人的视线也会因动静对比而产生趣味感。建筑设计师有意将楼梯的尺寸做大，其实质就是让暗示运动的要素充满趣味。

就形态而言，包括点、线、面、体等诸多要素的调和，当两个或两个以上的构成要素之间存在有较大差异时，通过对诸要素的调和处理，给人以协调、柔和的感觉，可获得形态构成美的秩序。在立体构成中，除了表现平面的要素可用于对比调和外，空间中的远近、前后、厚薄以及材质的软硬、干湿等也可以用作对比。

每一对矛盾的两个方面越相接近则越调和。创造形态要根据不同情况，或突出对比或强调调和。突出对比时，要注意到它的调和；强调调和时，又要辅以少量的对比，使之形成对立统一的关系（图2-5）。

1. 线形态的对比调和

形体上轮廓线直与曲的对比、粗与细的对比、长与短的对比、若干具有一定比值的基本形、组成一定曲率的曲线对比等都属于线形的对比，它不但可以强化形态的主次关系，还能丰富形态的情感含义。

2. 形体的对比调和

形体的对比与调和可表现为形的方与圆、大与小以及其体积的多与少之间的关系。

3. 方向的对比调和

方向的对比与调和可表现为水平方向与垂直方向的对比、正方向与斜方向的对比、左方向与右方向的对比、前方向与后方向的对比等，其中水平方向与垂直方向的对比是形态中较为常见的对比关系。方向呈放射状态时则成调和关系。

4. 材料的对比调和

材料的对比与调和可表现为各种不同肌理表现的材料对比、硬材与软材的对比、透明材料与不透明材

（a）

（b）

图2-5　物体的对比

料的对比、固体材料与液体材料的对比、新材料与旧材料的对比等。我们要根据实际情况来选择加强对比还是调和关系。

5. 色彩的对比调和

研究形体的色彩具有积极的意义。构成形体的天然色彩材料与经过施色的材料会呈现出不同的色彩关系。它们相互对比在视觉上给人以紧张感和刺激感，一旦它们形成调和关系则给人以色彩的秩序感。形体材料表面的色彩在各种光线照射下会构成不同色相对比、明度对比、纯度对比，且由于这些形体材料表面的形状、大小、位置、肌理不同构成色彩形象对比，同时人在感觉色彩的过程中伴随着心理活动，导致出现冷暖、进退、轻重、厚薄、扩张与收缩、动与静等对比与调和的关系。利用色彩的对比关系可以取得出奇制胜的效果，也是进行变化的重要方法。任何对比色相都可以通过改变纯度、明度、面积、比例取得对比与调和。（图2-6）。

（a）（b）（c）（d）（e）（f）

图2-6 色彩的对比调和

- 经典设计赏析 -

福田繁雄的平面设计（图2-7）

（a）

（b）

（c）

图2-7　福田繁雄的平面设计

三、尺度比例

比例一词源自数学上的定义，在立体构成中它是指形体部分与部分、局部与整体数量上的比率关系，体现出形态的美感；尺度是标准、规范，是造型及其局部的大小同本身用途，以及周围环境特点相适应的程度（图2-8）。

在自然界中许多物体和人造之物自身存在着比例，如不同肤色的人种人体比例不同；不同年龄阶段儿童与成人的人体比例也不同；工业产品的造型是否优美，常常以比例为标准，因为产品的各个局部中，如果所有的主要尺寸中都存在相同的比，就会产生好的比例效果。几何形的美主要取决于其外形的“肯定性”。如正立方体、正三角锥体、球体三种，就是其外形最“肯定性”的形体。有人把这三种形体称为“三原形体”，这三种形体在立体构成中属于常用的基本形体，具有肯定外形的几何形体容易引起人们视觉的注意和产生美感。一般来说，比例越简单就越容易被人接受、越实用，复杂的比例作用不大。具有简单的比例关系的形态往往是优美的，经得起历史的检验。在西方，古典建筑之所以优秀是因为它的设计基础是一个正方形系列，表现出比例关系，即每个正方

（a）

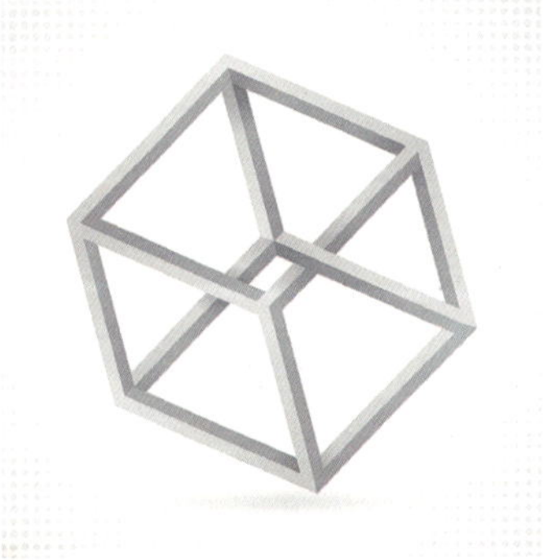

（b）

（c）

图2-8　不同尺度的立体

形的面积是前一个正方形面积的1/2或两倍。

1：1.618是到目前为止全世界公认的最美比例，这个比例被称为“黄金分割比例”。这个比例的出现和人体比例有密切的关系。因此，人们对以自己躯干为代表的宽与高之比看的最多最熟悉，也最为习惯和喜爱。因此这种比例被广泛运用于立体构成和设计中（图2-9、图2-10）。形体的比例不单存在于外部形态，而且存在于内部空间。在人们生活的居室环境中，人的身高与空间高度有比例，门的高度与宽度也有比例。这种比例只有科学、合理才能满足人的需求。而比例是否科学、合理需要从生理、心理上充分考虑。比例只有符合人的审美要求，才能创造出令人愉悦的氛围。

形体尺度的把握和选择往往与人对尺度的印象有关。尺度印象分为三种类型，即自然的尺度、超人的尺度、亲切的尺度。自然的尺度是指物体表现它自身的自然尺寸，让观者能度量出他本身正常的存在。超人的尺度就是将形体显得尽可能大，比个人本身更有威力。例如寺庙中的如来佛形象就是以超人的尺度塑造的。但超人的尺度绝不是随意的，它必须要以宜人的尺度来控制。亲切的尺度是指形体造型比它的实际尺寸明显小一些。事实上一个恰到好处的亲切尺度，并不是简单地把构件尺寸综合到比通常的尺寸还小，因为这样做常常会产生相反的效果。建筑设计师在设计纽约中心剧院时利用超尺寸装饰与十分简洁的安排相结合，成功地体现了亲切尺度感。

均方根比例是指由$1/\sqrt{2}$、$1/\sqrt{3}$等一系列形式所构成的系统比例关系。由均方根比例关系所构成的矩形称为均方根矩形，这种矩形的比率也很有实用价值。古希腊应用这些比率设计建筑、杯、镜和其他骨架。目前，世界上许多国家的纸张规格就采用$1/\sqrt{2}$矩形，因为这种比例的纸无论几开，都具有相同的比例（图2-11、图2-12）。

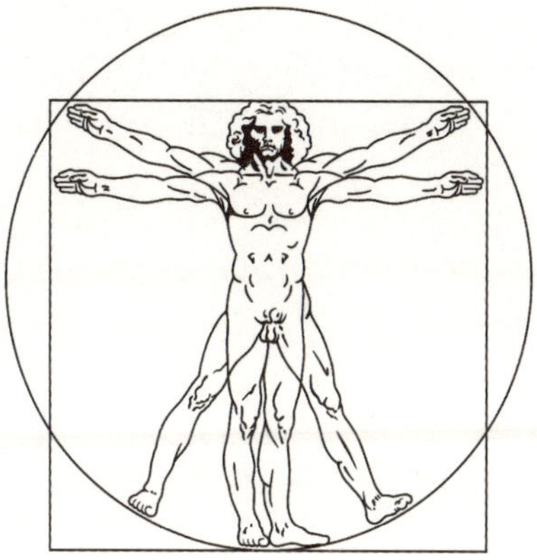

图2-9　黄金比例

图2-10　希腊神庙

四、韵律节奏

节奏与韵律是指同一现象有规律地周期反复或交替。它原本是构成音乐的重要要素，也是音乐产生美感的主要形式。从一定意义上讲，音乐的艺术感染力是由节奏和韵律产生的。这种形式美感在视觉艺术、设计艺术、立体构成中也得到了充分表现。从形式上讲造型艺术与听觉艺术有区别，但从本质上看两者是一致的，节奏与韵律是它们的共性，其差异仅仅是个性。

节奏是一种有规律的、周期性变化的运动形式。立体形态构成的节奏表现为一切造型要素有秩序、有规律性地变化。无论在自然界还是在人们的生活之中，到处都充满着节奏感，例如人的心跳和呼吸、音乐等。生活中缺少节奏，就会令人感到不快，因而人们会尽力避免缺乏节奏。节奏在艺术中通过音、形、色诸元素以时间性、变化性来体现。时间性是音的运动过程。变化性则是指运动过程中的规律性变化。音乐是以乐音的强弱、反复、交替进行系统有序的变化而产生优美的旋律。许多古典音乐形式的交响乐和奏鸣曲之所以经典、久远流传，其原因就在于此。而视觉艺术、设计艺术和立体构成是以形和色有规律的连续不断的

图2-11　埃菲尔铁塔

图2-12　弧形立体

交替和重复产生美感的。节奏感的强弱与构成元素有关，元素复杂，节奏感就强烈、丰富，反之亦然。表现节奏感的关键是控制度，度恰到好处才不会显得杂乱。

与节奏有密切关系的是韵律。韵律是诗歌和音乐的美感形式，它是指诗歌、音乐中的声韵和节律。无论是诗歌还是音乐都讲究音的和谐，表达出有规律的节奏感，这是由诗歌和音乐的特征所决定的。在艺术中，韵律越强烈，其作品越具有艺术冲击力和感染力。

节奏和韵律存在于人们的生活中，又改变着人们的生活。许多建筑形态是以重复形式表现美感的，如哥特式教堂尖顶和垂直线的重复，现代城市广场的重复。体现形体韵律美的重复方式有两种，即形状的重复和尺寸的重复。在建筑中重复的形状是门、窗、墙面等形状元素，通过改变间距保留韵律的特点，如果间距尺寸一样，则改变其大小和形状。通过人们有意识地设计可以体现出形体的韵律美。

将一个或数个形态元素作有规则的连续重复或间隔组合，可获得律动的美感，当然这个形态元素不可过多，否则容易显得凌乱，看不出节奏的变化（图2-13、图2-14）。

常见的韵律共有下面几种表现形式：

1）重复——色彩、形态、物体肌理、材质等造型要素做有规律的间隔重复。

2）渐变——按照一定规律渐次发展变化。

3）交错——按照一定规律做有条理地交错、相向旋转等变化。

4）起伏——造型要素做高低、大小、虚实的起伏变化。

5）特异——造型要素在有规律的变化中求突破。

（a）　（b）　（c）

图2-13　交错的韵律

（a）　（b）　（c）

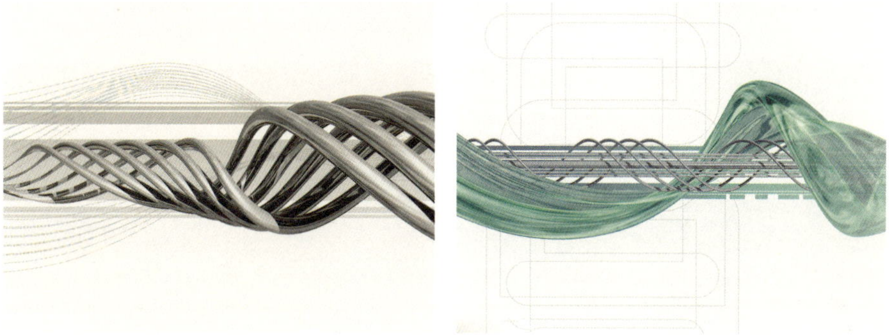

（d）　（e）

图2-14　重复的韵律

五、轻巧稳定

稳定与轻巧是指造型物上下之间的轻重关系。稳定是指形体客观物理上的稳定性和主观视觉心理上的稳定感。稳定给人以安全、轻松的感觉，不稳定则给人以危险和紧张的感觉。

轻巧是通过艺术的方法，使造型物给人以轻盈、灵巧的美感。在注意稳定的同时也要注意轻巧，它们是既相互对立又相互依赖的一对矛盾。轻巧和稳定与重心、材料、分割、色彩等因素有关（图2-15）。

1）重心。重心取决于体型，体型高重心也高，给人轻巧的感觉；体型矮重心就低，给人稳重的感觉。

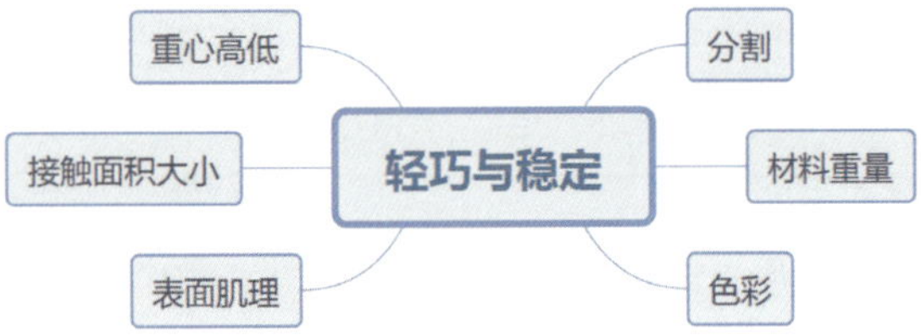

图2-15　轻巧与稳定

图2-16　物体重心

图2-17　桥梁的稳定结构

2）材料重量。使用重的材料如金属、玻璃等进行构造时，具有较强的稳定感，使用轻的材料进行构成时，则具有一定的轻巧感（图2-16、图2-17）。

3）分割。利用线、面、块以及材料的分割，可以使原来比较笨重的形体变得较为轻巧。

4）色彩。材料表面的色彩会给人带来心理上的感觉。明度低的色彩具有稳定感；明度高的色彩具有一定轻巧感。

六、意境联想

立体形态创造能够通过人们的联想产生某种意境。联想是思维的延伸，它是由一种事物到另一种事物的思维推移与呼应。例如，采用柔软的毛线作形态构成时，毛线的材质常使人联想到流畅、轻快与温暖。立体构成的联想与意境可以分为以下几个方面。

1. 对自然形态的联想

例如，卵体和类似卵形的一类东西，他们是被很小的面所包围的块立体，暗示着生命力的紧张度。也可联想他们是静止的球体从某一个方向开始运动的最初形态，是具象形态的代表。另外，从纯粹形态的角度看，卵形是最接近抽象形的具体形态（图2-18）。

2. 自然形态概括变形的联想

我们把自然形态归纳成某些基本形式，使立体物显现出某种美的特征，给人以美的联想及意境。这些形态源于生活但高于生活，更加具有典型性。例如，

（a）

（b）

图2-18　卵形建筑

（a）

（b）

图2-19　抽象联想

悉尼歌剧院和鸟巢体育馆的设计就采用了从自然形态归纳而来的基本形态，同时融入了设计者更深层次的理念和意境（图2-19）。

3. 对抽象形态的联想

以线、面、块构成抽象的几何形态。这些抽象的几何形态与现实中的客观事物没有任何共同之处，所以无法引起某些联想，但是由于点、线、面、体、肌理等构成要素具有一定的性格特征和情感含义，因而也可以由此联想到某些东西，产生一定的意境。

对形式美的认识和运用，对设计师而言，具有非常重要的指导作用。因为这些规则是在无数设计师们不断的摸索下总结建立起来的。但是所有的艺术作品，都需要在实用的前提下进行设计。

- 补充要点 -

立体构成的作用

立体构成是由二维平面形象进入三维立体空间的构成表现，两者既有联系又有区别。联系的是：它们都是一种艺术训练，引导了解造型观念，训练抽象构成能力，培养审美观，接受严格的纪律训练；区别的是：立体构成是三维度的实体形态与空间形态的构成。结构上要符合力学的要求，材料也影响和丰富形式语言的表达。立体是用厚度来塑造形态，它是制作出来的。同时立体构成离不开材料、工艺、力学、美学，是艺术与科学相结合的体现。

第二节　立体构成的空间感

空间是指实体形态周围的空虚部分，是抽象，没有形态但能被感知到的虚空。前面我们说过，在立体构成中，我们所说的空间包括物理空间和心理空间两类。物理空间是三维形态占据的可见空间；心理空间是可以感知到的、没有明确限定的空间。营造空间感可以采用以下三种方式。

一、创造空间紧张感

紧张感有两个相关的不同解释，一是指形态具备从原有状态脱离的倾向，二是指两个分离的形态能够构成一个整体的最大距离。所谓最大

- 经典设计赏析 -

冈特兰堡的平面设计（图2-20）

（a）

（b）

（c）

图2-20 冈特兰堡的平面设计

距离，是指超过了这个距离，形态间便不能成为一个统一的整体，小于这个距离，虽能构成统一的整体，却失去了两个形态分离的意义。因此，这个整体的最大距离便构成了视觉和心理上的紧张感。

二、创造空间流动感

空间流动感是指空虚形态的扩张感，即通过分隔和联系、引导和暗示的方法，创造出空间的层次，空间因流动而得以扩展。和实体形态不同，空间是无限连续的，需要通过流动才能观察其全貌。中国传统园林布局中的“借景”就是空间流动感的经典案例。

三、创造感知梯度

当形态的位置、距离、大小、亮度、色彩和轮廓产生鲜明的梯度变化时，会产生一种强烈的空间深度效果。因此可以利用形态渐变、形态间距离的渐变、形态的结构级差、色彩的心理属性，以及透视变化来加强空间感（图2-21）。

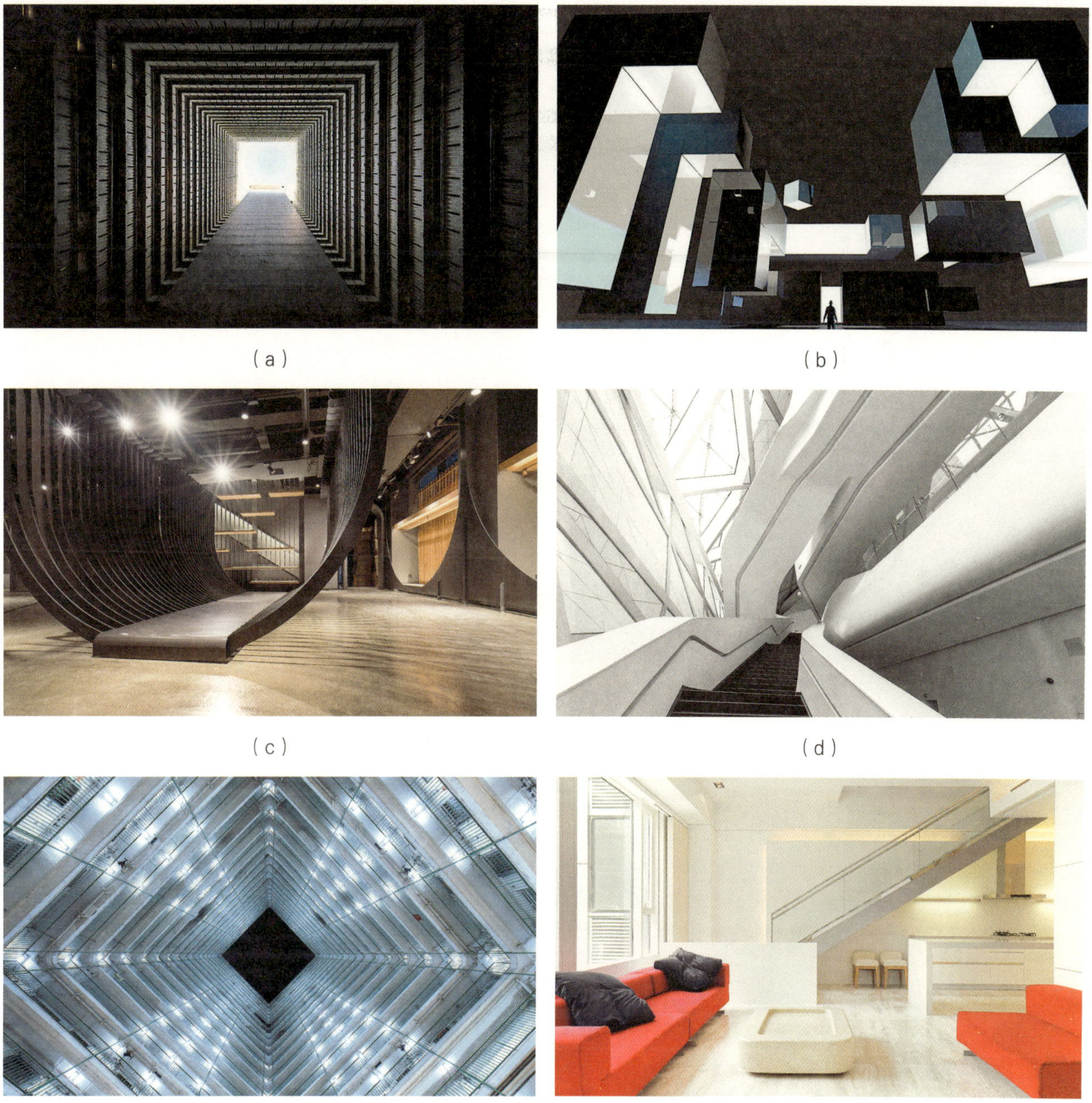

（a）（b）（c）（d）（e）（f）

图2-21　空间感知

第三节　立体构成的量感

量感是指对立体形态的重量感觉，包括物理量感和心理量感两个方面。物理量感容易理解，是指形态的大小、多少、轻重等，是物体在物理意义上的分量。往往大体量引人注目，使人觉得突出，而小体量显得精巧，可点缀整个形态（图2-22～图2-24）。

（a）

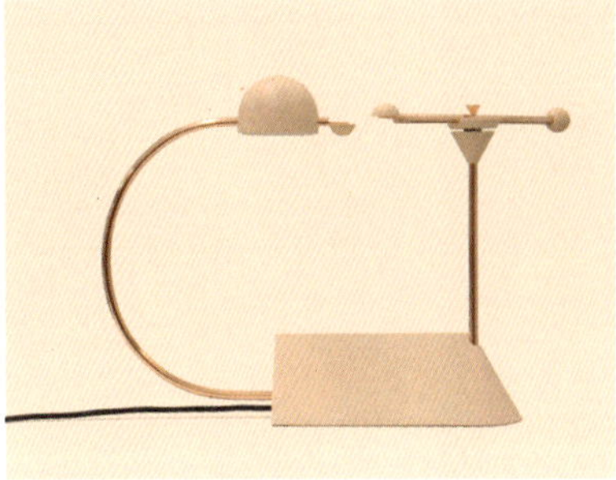

（b）

图2-22　产品中的量感

图2-23　家具中的量感

图2-24　建筑中的物理量感

一、物理量和心理量

人们对物理量的认识是通过测量的方法获得的，比如，通过测量体积的大小、容积的多少可以比较容易地获得对象的物理量；而由物理量所产生的心理上的量，则是无法用物理方法获得的，因为它所体现的是从物理量到精神量的转化。心理量是指人的心理对物体重量的一种感觉，衡量心理量的多少主要依赖于心理的判断。

二、内力和生命力

心理活动是个复杂的过程，因此心理判断是从多方面展开的。如色彩上的轻重感、强弱感，材质上的光滑感、粗糙感，视觉上的结实感、紧张感，而最为重要的是对形态本质的感受，这其中又充满内力的运动变化。

第四节　立体构成的肌理

肌理是指由于材料、组成和构造的不同而使人得到的触觉质感和视觉触感。质地、手感、触感、织法、性质、纹理等说法，都可包括在肌理之中。能够实际触摸的称为“触觉肌理”；只能看不能触摸出差别的称为“视觉肌理”（图2-25）。

肌理体现出一种材质美。材料是体现立体构成的物质载体，因此探询材料美感是一个亘古的话题。一般而言，细腻光滑使物体显得轻盈、精致，粗糙的表面则容易使物体显得沉重、陈旧、有原始感，而具有天然材料纹理的表现则容易让人产生亲切感、安全感。

材料的肌理不仅需要通过表现的视觉来观察，同时需要触觉来感受，触觉的感受会渗透到视觉的感受当中，最终人们所形成的对肌理的感受是综合的。例如，人们看到皮毛的肌理就会联想到柔和、温暖、舒适，这不仅仅是视觉所看到的东西，也是一种具体体

（a） （b）

（c） （d）

图2-25　肌理质感

验的感受。同一种材料，通过不同的肌理处理，就能产生截然不同的视觉、空间感。肌理可以增强形态的立体感，可以丰富形态的感情，表达出不同的情感。

材料的肌理形态体积非常细小，结构紧密，数量繁多，其基本形态可分为两大类。一种是数理的、逻辑的；另一种是无序的组织结构，例如，植物的肌理多为有序的组织。

近年来设计师挖空心思设计出了种类极多、不同表面的材料，其中主要以服装和室内装饰材料居多。肌理效果越来越受到人们的重视，立体构成肌理练习也随之更加受到重视。肌理的运用是现代设计的重要特征之一。

第五节　立体构成的色彩

色彩本身具有鲜明的个性特征，巧妙地运用色彩、色相、饱和度、明度的特点，可以强调出形态空间，增强视觉趣味。立体构成的色彩是实际占据三度空间的材料的表现色彩，这些色彩不仅受到实际空间里光影效果的作用以及实际环境因素的影响，还受到工艺技术、材料质地等多种因素的制约。因此，立体构成的色彩有其自身的特殊规律，它不仅追求色彩的审美心理，还追求色彩与材料，技术之间的协调。

立体构成的色彩包括物体的本色和人为处理的色彩。

一、物体本色的利用

直接利用材料的本色制作的形态很自然，能体现

- 经典设计赏析 -

戴帆的建筑设计（图2-26）

（a）

（b）

图2-26　戴帆的建筑设计

材料的质地美。如用麻绳或木材等天然材料进行立体造型时，通常利用材料本身的质地来表现。因为材料本身色彩已经具有美感，不需要添加人为的色彩破坏原有的意境。

二、人为处理的色彩

为立体形态作相应的配色，需要充分利用色彩的心理效应。相应的形态配以不同的色彩时，会给人或华丽或朴素、或冷或暖、或轻或重等心理上的感受。

三、色彩的色相（图2-27）

1）红色是最能体现个性的颜色，它令人振奋，就像一枚兴奋剂，剂量越大，提供的能量越大。

2）橙色的感觉比其他颜色极端，爱的人非常爱，恨的人非常恨。充满乐趣又华丽的橙色给人温暖与能量，兵马俑、铁锈的这种橘黄色有着另类的趣味。

3）黄色象征乐观开明和幸福。金黄色更是象征着充满希望的未来，它给予周围的颜色能量，传递乐观的情绪，擦出创意的火花，也是代表富贵的颜色。

4）绿色比起其他颜色更易被识别，受欢迎程度也仅次于蓝色。绿色代表着大自然，它同时也是一种理想的室内设计颜色。

5）蓝色是天空与大海的颜色，在我们的生命中，蓝色有着延续的意味。作为代表集体精神的颜色，注视着蓝色可使人平静。不过也不是所有的蓝色都意味着平静和沉稳。

6）紫色具有神秘感与一种皇家气质，那些有创意的和有怪癖的人特别喜爱紫色，也有许多少女喜欢这种颜色。

7）黑色代表权威与力量，因为黑色引起的强烈情感会压倒一切。这种典型的服装颜色使穿的人显瘦，并且看上去更琢磨不透。

8）白色代表纯洁、洁净或者是中立的含义。医生穿着白大褂、新娘的婚纱是白色的，围绕着白色栅栏的家庭看上去安全、快乐。

（a）

（b）

（c）

（d）

（e）

图2-27　色彩的视觉感觉

— 补充要点 —

立体构成的材料形态特点

1）点材具有活泼、跳跃的感觉；

2）线材具有长度和方向，在空间能产生轻盈、锐利和运动感。由于线材与线材之间的空隙所产生的空间虚实对比关系，可以造成空间的节奏感和流动感，因此，给人以轻快、通透、紧张的感觉；

3）面材的表面有扩展感、充实感；侧面有轻快感和空间感；

4）块材是具有长、宽、高三维空间的实体。它具有连续的表面，能表现出很强的量感。给人以厚重、稳定的感觉。

因此，同一材料的不同形态的表现会产生风格迥异的效果。以线材表现轻巧空灵；以块材表现厚重有力；以面材表现单纯舒展，我们可以从设计的目的出发，正确选择材料的形态。

另外，点、线、面和体，它们之间的关系是相对的，当超过一定的限度，就会改变原有的形态。如点材朝一个方向的延续排列便形成线材，线材平行排列可形成面材，面材超过一定厚度又形成块材，块材向一定方向延续又变成线材。因此，在立体构成设计中要把握形态变化的尺度，以表现设计的形态构成。

课后练习

1. 立体构成具有什么审美特征？
2. 形式美共分为几点，它们分别有什么特点？
3. 空间感在立体塑造中起到什么样的作用？
4. 如何创造立体形态的空间感？
5. 肌理对立体形态的塑造起到什么作用？
6. 观察身边的立体形态，包括建筑、产品、雕塑等，分析其包含的形式美和象征意义。
7. 利用色彩的进退和对比，完成一件空间立体构成作品。要求体现空间的分割感。

第三章

立体构成的材料与工艺

PPT课件，请在计算机里阅读

学习难度：★★★☆☆
重点概念：材料特性、分类、综合应用

章节导读

材料是空间立体形态的物质基础。当代立体设计的先进性不仅体现在它的功能与结构方面，同时也体现在新材料的应用和工艺水平高低上。材料本身不仅制约着产品的结构形式和尺度大小，还体现出具有材质美的装饰效果，所以合理、科学地选用材料是造型设计极为重要的环节。研究材料的种类、特性及加工工艺，是研究材料与形态之间关系的前提。这一章将讲述立体构成的材料与制作工艺，初步了解立体构成的材料知识（图3-1）。

图3-1　树叶的立体构成

第一节　概述

一、概述

立体构成设计是建立在各种材料基础上的各种物体的造型。材料的性质和特性将会直接影响构成物的视、触觉感受，在立体构成设计时首先要想到构成该物体的材料属性，包括它的表面肌理、内在特性及象征意义。

材料的表面肌理是它的外貌特征，这些特征最能引起视觉和触觉的第一感受，即人们常说的美与不美，舒适与不舒适，豪华与朴实等感觉。

材料的内在特性是它的基本属性，如钢铁的坚硬、棉花的柔软、塑料的轻盈等。这些差异都是由材料的内在属性决定的。

除此之外，还要考虑材料的象征意义，从本质上说，材料的这部分内容不是其本身固有的，它是由材料与人接触后，其基本属性在人的感官上产生的生理或心理反应形成的客观存在。

二、材料的分类

当今社会所使用的材料品种十分多样，根据不同的角度，可以将材料进行不同的分类，下面将介绍几种分类方式。

1. 按质地分类

主要有木材、石材、金属、高分子材料（如塑料、橡胶、化纤、涂料等）等。

2. 按自然材料与人工材料分类

自然材料主要有泥土、石块、木头等。人工材料主要有水泥、面粉、塑料等。

3. 按物理性分类

分为刚性材料、弹性材料、塑性材料和黏性材料。

4. 按形态分类

（1）点状材料主要有小玻璃、小石头、米粒、豆粒、纽扣、瓶盖等。

（2）线状材料主要有毛线、电线、钢丝、铁丝等。

（3）块状材料主要有黏土、塑料（硬性、软性、发泡等）块、石膏块、金属块等。

（4）连接材料主要有白乳胶、胶水、双面胶、钉子等。

立体造型设计对材质的选用是根据不同的产品特性和功能，相应地选用满意的造型材料，运用美学的法则科学地把它们组织在一起，使其各自的美感得以表现和深化，以求得到外观造型的形、色、质的完美统一。

材料加工成型的可能性也是选材时需要考虑的因素。材料的成型是通过多种手段加工而成的，材料的加工成型性是衡量其适用性的重要标志。木材之所以是一种优良的造型材料，主要就是因为其加工成型性好，可使用的工艺方法较多。

加工手段中另一个重要的方面就是材料表面的工艺处理。材料加工成型后，为了能使材料适应特定的环境，需要对材料进行表面处理，改变其表面特征效果，保护产品基材，提高成品的外观质量，延长使用寿命。在下面主要介绍一些常见材料特性以及制作工艺（图3-2）。

（a）

（b）

图3-2　加工手段

- 经典设计赏析 -

陈幼坚红伶私人会所（图3-3）

（a）　　　　（b）

图3-3　红伶私人会所

第二节　不同材料的特性与工艺

与其他构成不同，立体构成必须涉及材料，没有材料的参与，就没有立体物的存在。

一、自然材料

自然材料是指天然形成的、非人为加工的材料。如木材、竹材、藤材、石材、黏土等。用自然材料制作的作品能给人以质朴的亲切感。特别是在高度文明的社会里，自然材料有着极强的亲和力，使人感到温馨和舒适。

1. 木材

木材是自然材料中和人的关系最为密切的材料之一。木材较容易加工，与其他自然材料相比，具有质轻、温和、柔软和轻便的属性，能够让人产生温暖的感觉，在立体构成中是使用最多的天然材料。同时由于木材是自然有机体，也存在易扭曲、变形、干裂等缺点（图3-4）。

常见的木材加工手段有割锯、雕刻、刨削、弯曲等（图3-5），下面将分别讲述其特点。

（1）割锯。是木材加工中最常用的手段，木材可以被割锯成为面材，线材，块材等不同形态。木材被割锯后，表面呈粗糙状，这种粗糙的肌理有粗犷质朴的美感，制作时可根据不同的设计要求锯出不同纹样的肌理。

（2）刨削。是木材毛料加工中最主要的加工方法之一，是以锋利的刀具切削木材的表面，加工后表面变得光滑平整，木材本身的木纹肌理清晰可见。刨削的同时还能将木材加工成极薄的卷曲状刨花，刨花具有独特的美感，可以按设计的需要处理成各种立体造型。

（3）雕刻。在木材上作雕刻加工是木材加工的常见技法之一，雕刻的技法很丰富，大多使用雕刻刀或斧子来改变木材的形状，使之达到设计的要求，雕刻的痕迹可以是豪放有力的，也可以是细腻委婉的。

（4）弯曲。是利用木材的韧性，通过烘、烤、蒸等手段使其柔软化，并加力将直线型或直面型的木材进行弯曲定型后变成曲线或曲面的方法，以达到设计造型的目的。

2. 泥石材料

泥石材料是人们设计建造立体物时常用的材料。在立体构成练习中，也是使用较为方便的一种材料。主要有黏土、水泥、石膏粉、砖瓦、沙、石等。泥石材料是构筑建筑、雕塑的主要材料。

（a）

（b）

（c）

（d）

图3-4　自然材料

（a）

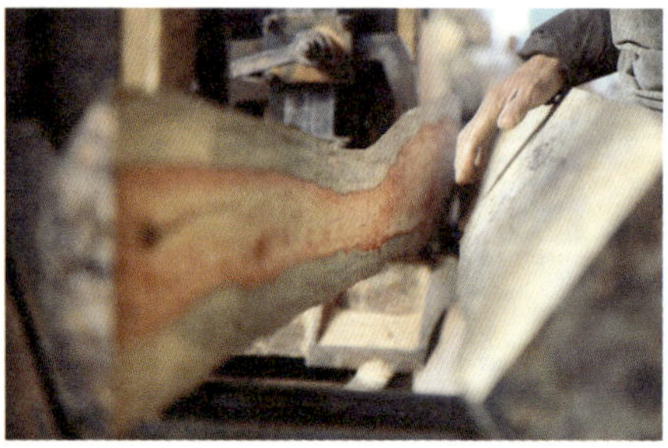

（b）

图3-5　材料加工手段

- 补充要点 -

榫卯连接工艺

榫卯连接是传统的木材连接手法，广泛运用于建筑、家具等木结构制品的连接处。有时这种连接还使用金属加固。榫卯的实质是利用凹凸方式连接构件的技术。一般将竹木或石质构件需连接处制成榫头与卯眼，使之自然连接，有时再用钉子。这种用榫卯组合的构件坚固自然，普遍用于建筑的构件组合中（图3-6）。

（a）

（b）

图3-6　榫卯连接工艺

（a）

（b）

（c）

（d）

图3-7　黏土和石材工艺

（1）黏土。容易成型，可以使用捏、拉、塑等方式随意塑造，烧制后可以长期保存，家居中卫具、容器、餐具等产品的主要材料（图3-7）。

（2）石膏粉。可以加工成石膏板或石膏块，可以制模，是成本低廉的一种容易造型的材料。

（3）天然石材。在建筑中常见的有大理石、花岗岩等，在工艺品的设计制作中有寿山石、青田石等观赏类石料。它们具有纹理美、强度高的特点，具有良好的装饰性能，可适用于公共场所及室内外的装饰（图3-7）。

二、工业材料

工业材料通常指非自然的、人工合成的材料，包括金属、无机非金属、有机、复合等多种类型功能性材料，它是多学科、多种新技术和新工艺交叉融合的产物。近年来随着技术的发展，有关新材料特别是新功能材料的研究开发工作不断取得新的成果。

在立体构成中通常使用的材料有纸材料、金属、塑料、玻璃、陶瓷等。

1. 纸材料（图3-8～图3-11）

由于纸的质地随和、价格低廉，使它成为现代生活中不可缺少的材料。在三维立体造型领域，尤其在立体构成的学习和研究方面，纸材料也充当着重要的角色。纸的原料来自于植物类，如茅草、麻类植物等。纸的种类很多，在立体造型领域中，常见的纸材有白纸、卡纸、牛皮纸、铜版纸、瓦楞纸、各种艺术纸和包装用板纸等。

在立体形态的塑造中，纸材可以使用切、折、粘、揉、撕、拉等加工方法。具有丰富的表现力和可塑性。纸材以其众多的种类，较大的可塑性和韧性和安全性，成为构成基础练习中最主要的结构材料。纸材能提高训练效率，激发创造积极性，更便于将立体变为现实，是立体训练的最佳材料。但不易长时间保存，易损坏和变形。

2. 金属材料

金属材料早已被广泛应用于日常生活之中，如青铜是人类最早使用的金属之一，我国在公元前2200年就已经制造和使用青铜器。金属种类繁多，常见的有铁、钢、铜、铝、铅、金、银及一些合金等。金属材料有着坚固耐久的特性，具有强烈的金属光泽，强度高，视觉丰富，同时拥有丰富的加工技术，因此在立体设计中被广泛采用。

可以使用切割、弯曲、铸造、锻造、焊接等方法

图3-8 彩色纸

图3-9 瓦楞纸

图3-10 彩色卡纸

（a）

（b）

图3-11 纸艺造型

（a）（b）（c）（d）

图3-12 金属材料

来加工，可以制成薄片、面材、金属丝和金属块；表面可使用压印、贴膜、雕刻等方式来进行加工，形成各种不同的视觉质感（图3-12）。

3. 塑料

塑料为合成的高分子化合物，主要成分为合成树脂，是现代工业和日用品中被广泛使用的一种材料。塑料具有重量轻、成本低、易塑性、色彩多样等特点。从应用的角度一般将其分为通用塑料和工程塑料两大类。

（1）通用塑料。种类较多，如聚乙烯、聚丙烯等。通用塑料的用途很广，涉及工业产品和家庭用品等多方面，如把手、产品外壳、行李箱、灯罩、标识牌、眼镜、地板材料等。

（2）工程塑料。有许多品种，如ABS、聚碳酸酯、尼龙等，其特点是牢固、耐久，基本用于工业产品的制造，例如，电子电器的连接器、汽车的仪表板、散热风扇等；但也可以用于制作工业零件，如照相机壳、电话机外壳、安全帽等（图3-13～图3-16）。塑料的成型工艺有很多种类，主要包括注塑、压塑、挤塑、吹塑等。

4. 玻璃材料

玻璃的主要成分是二氧化硅和其他氧化物，经各种加工工艺烧制而成。称为玻璃。

世界上最早制造出玻璃的是古埃及人。大约在公元前1600年埃及已经有了正规的玻璃手工业，主要生产玻璃珠和花瓶。发展至今，玻璃已经具有了更加广泛的功能性，人们需要舒适、安静的工作和生活环境，特别重视防噪声、

图3-13 塑料置物架

图3-14 塑料头盔

抗热、防火、防盗以及防止辐射。现代高层建筑的窗户都装有反射率较大的涂膜玻璃，可以防止大量的热辐射。

玻璃材料在工业生产中的应用已远远超过了人们的预想，几乎涉及所有领域，如电子、化学、生物、医疗、仪表通信、核工程等。由此可见，以玻璃作为材料的形态设计应用相当广泛（图3-17～图3-19）。

5. 陶瓷

陶瓷原料主要来自岩石，而岩石大体都是由硅和铝构成的。陶瓷也是用这类岩石作原料，经过人工加热使之坚固。因此从化学上来说，陶瓷的成分与岩石的成分没有什么大的区别。陶瓷主要有以下几种主要原料（图3-20）。

（1）石英。又称为硅石。是一种碎成细粉也没有黏性的矿物，可以用于弥补陶瓷原料过黏的缺点。在780℃以上时会因为不稳定变为鳞石英，熔点在1730℃左右。

（2）瓷土。又称为高岭土，是制作陶瓷的主要原料，因为产于中国景德镇附近的高岭而得名，是一种白色或灰白色的泥土，有着丝绸般光泽的软质矿物。

（3）釉。和坯一样是由岩石或者土产生的，与坯不同的是，釉更容易在火中融化。当窑内温度使坯达到半熔的状态时，釉原料已经完全熔融成液体状态。冷却后这种液体会凝固成一种玻璃质状态。

图3-15 旅行箱

图3-16 塑料勺

（a）

（b）

图3-17 玻璃制品

最后，需要注意的是，在立体构成练习中，纸是最基本的，也是使用机会最多的一种材料。与其他材料相比有价格便宜且较容易剪切、折叠、弯曲与胶合等优点。有时只用纸来做一系列专题练习，可使我们的研究更清晰化，并且能提高训练效率，刺激个人的创造积极性。

图3-18 玻璃金字塔

图3-19 玻璃造型

(a)

(b)

(c)

(d)

(e)

(f)

图3-20 陶瓷材料及制品

- 经典设计赏析 -

韩家英的设计（图3-21）

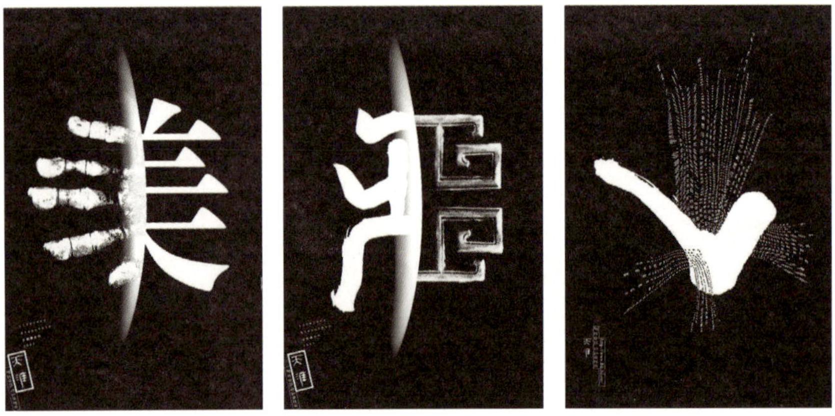

（a）（b）（c）

图3-21　韩家英的设计

第三节　材料的综合应用

在设计及构成作品中综合材料的运用相当普遍，因为这样能够充分运用材料之间的关系，或对比，或和谐，使材质肌理效应大大增强，形成丰富的视觉效果。现成品是指那些经过人为加工制作的产品。现成品的范围很广，从工农业产品到日常生活用品。使用现成品和使用材料不同，现成品更能唤起人们的记忆和经验，因为人们对这些特殊的材料更加了解，很容易产生共鸣。

使用材料时需要具备一些条件，首先要充分了解材料的性能特点，这样设计出的东西才会有属性，表达出作品期望传达的感受。

在立体构成中，任何能够被塑造成为空间立体形态的物质都可以成为我们运用的材料。可以单独使用一种材料，也可以使用多种材料，还可以综合使用已经成型的各种材料进行再构成，或者把生活中的许多现成品拿来重新构造。无论如何，我们都需要熟悉材料的特性、加工方法以及材质所表达出的视觉美感，这样才能熟练地使用材料表达设计思想（图3-22）。

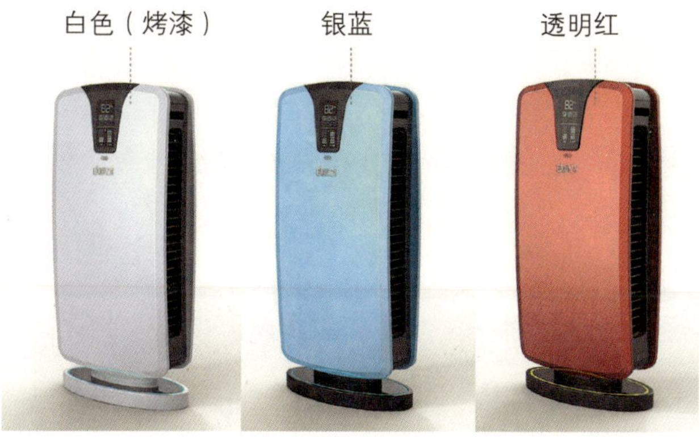

（a）

（b）

（c）

（d）

图3-22　材料的综合应用

- 补充要点 -

材料的肌理质地

不同的材料会产生不同的视觉效果和心理感受。即使同一形态，采用不同的材料也会产生不同的效果和感受。如同是面材，金属板使人感觉冰冷、坚硬；玻璃板使人觉得透明、易碎；木板让人感到温暖、舒适；塑料板让人感到柔韧、时髦。表面光洁而细腻的肌理让人觉得华丽、薄脆；表面平滑而无光的肌理给人以含蓄、安宁的感觉；表面粗糙而有光的肌理让人感觉既沉重又生动；表面粗糙而无光的肌理，给人感觉朴实、厚重。

物质材料不仅决定了立体构成的形态、色彩、肌理等心理效应还直接影响着立体造型的力学强度、加工工艺和加工方法等物理效能。不同材料的物理特性，如软与硬、干与湿、疏与密，以及透明与否、可塑与否，传热与否，有弹性与否等，都会直接影响和限制立体构成的制作和加工，从而间接限制了立体构成的设计构思。这就要求在进行立体构成设计时，材料的选择、应用和加工工艺是设计思维中必须要考虑到的因素。所以，对材料的了解. 材料的加工以及新材料的寻找和发现是立体构成学习、实践不可忽略的重要内容（图3-23）。

（a）

（b）

图3-23　不同材料的肌理表现

课后练习

1. 立体构成的素材具体分为哪几类?

2. 立体构成的材料按照特点的不同可以怎样分类?

3. 简要说明木材的特点及加工手法。

4. 工业材料共分为哪几类?

5. 材料在生活中有哪些综合应用?

6. 观察，熟悉身边的各种材料，了解它们的特性和质地，并任意选取六种材料进行肌理构成练习，要求充分运用对比展示材料的特性。

第四章

立体构成的构造和表达方法

PPT 课件，请在计算机里阅读

学习难度：★★★★★
重点概念：半立体、点线面、薄壳结构

章节导读

在前面的章节对空间的定义已经有了一个基本的了解，懂得了空间是一种看不见摸不着，却能真实感觉到的客观存在。它本身无法被造型或被限定，需要借助其中的实体来完成作品的共有塑造。所以，在创造实体形态的同时，也是在创造空间形态。这一节，将重点讲述实体形态的构造以及表达方法。（图4-1）。

图4-1　球形立体

第一节　半立体

半立体构成又名二点五维构成，是指半立体形体的组合。半立体构成是在平面材料上加工或利用切线，进行空间变动形成各式各样丰富的立体化造形的方法。它是位于平面构成与立体构成之间的造型，是从平面走向立体的最基本练习。虽然半立体只有一个方向的主要观赏面，但是由于其具有凹凸起伏的变化，因此又具有平面图形所没有的量感和立体感（图4-2）。

半立体构成较常使用的材料有纸张、塑料板、泡沫板、木板、石膏、石板等，一般作为练习用的平面材料，最方便的是使用白卡纸为素材，它便于切割和折曲，也便于互相连接，在加工上也较为容易。

1. 设计思想

半立体构成的制作技巧包括切割、折叠、弯曲、粘贴、撕裂等。它的设计思想主要有下面三种。

（1）利用凹凸正反处理形成立体。

（a）

（b）

（c）

（d）

（e）

图4-2　半立体造型

（2）利用形态、方向及位置对比创造新的形体。

（3）运用多样统一的形式构成和谐整体。

2. 表达形式

（1）独立形体。利用直线形或曲线形的变化构成独立形体，或利用重曲线形的对比形成主次关系来构成独立形体。

（2）联合结构。利用形态的重复、错位或变异构成连续单元，或利用形态渐变构成连续形式。在具体操作中，要注意强化对比要素，形成对比效应；强调主次关系，突出视觉中心；强化秩序感，创造抽象美的半立体。

第二节　线立体

按照几何学的定义，线只有位置及长度，而不具有宽度与厚度，因此从绝对意义上讲，在自然界中根本不存在线条。立体构成表达中的“线”是具体的以长度为特征的材料，通常称为线材。在我们周围有许多物体，它们的宽度、厚度非常小，与周围其他物体相比较，相对而言可看作是线条，如电话线、电线、树枝、晒衣绳、铅笔、火车铁轨等都可看作线条。

线立体是以线材为主要元素在空间中构成所产生的立体形态。线立体富于延伸感、轻巧感、层次感和节奏感，也可以营造速度感和动感，可以创造出许多轻盈、运动、通透的形态（图4-3）。

一、线的视觉心理特征

1. 线的形态

点的延伸形成线。线在页面中的作用在于表示方向、位置、长短、宽度、形状、质量和情绪。线是分割页面的主要元素之一，是决定页面现象的基本要素。

总的来说，线分为直线和曲线两种，这是线的总体形状。同时线还具有本体形状、两端的形状。线有垂直、水平、倾斜、几何曲线、自由线这几种形式。

线是具有情感的。比如水平线给人开阔、安宁、平静的感觉；斜线具有动力、不安、速度和现代意识；直线给人庄严、高尚、强直的感觉；曲线给人柔软流畅的女性特征；自由曲线是最好的情感抒发手段。线的放射、精细、渐变可以体现三维空间的感觉。不同的线运用在空间中，会产生不同的效果，知道什么时候运用什么样的线条，才能精准的表达出所想要表达的含义（图4-4）。

2. 线的分类

线材大致可分为软性线材和硬性线材两大类。软性线材又称为拉力线材，硬性线材又称为压缩线材。从表面效果划分，可以分为高反光线材、透明线材、普通线材。高反光线材有不锈钢条、铜丝等；透明线材有玻璃棒、透明塑料管等；普通线材有毛线、尼龙线等。熟悉了这种分类有助于选择材料进行光照下的造型表达。

（a）　　　　（b）

图4-3　线立体造型

（a）

（b）

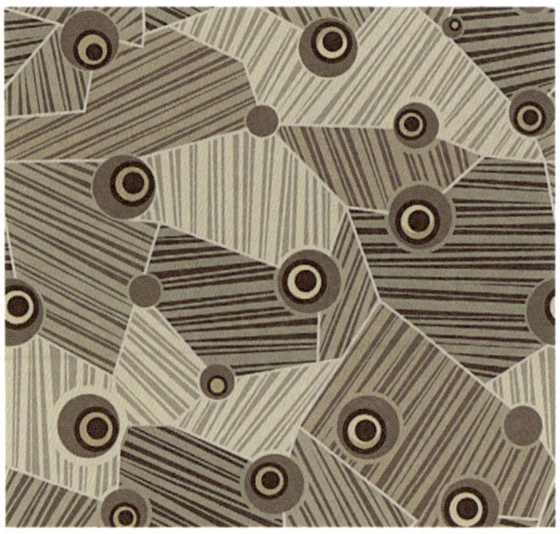

（c）

（d）

（e）

（f）

图4-4　线的不同形态

就线材的物理性划分，可分为金属线材和非金属线材。这种分类方式有助于在造型过程中利用材料的物理、化学性能，以便更好地表现对象（图4-5～图4-9）。

二、节点

节点是造型的重要组成部分，所谓节点是指造型的部件与部件之间的连接点。大致可以分为三大类。

1. 滑节点

滑节点是靠自重和摩擦相互连接，可以在水平接触面上自由地滑动或滚动的节点，经常用于建筑、家具制造等。滑节点是最简单，但也最不牢靠的一种连接方式，它适合一些体积大、接触面积多、质量重的立体造型。我们可以通过使用黏结剂，增加滑轨设施等手段，加强滑节点的牢固度。

图4-5　金属线

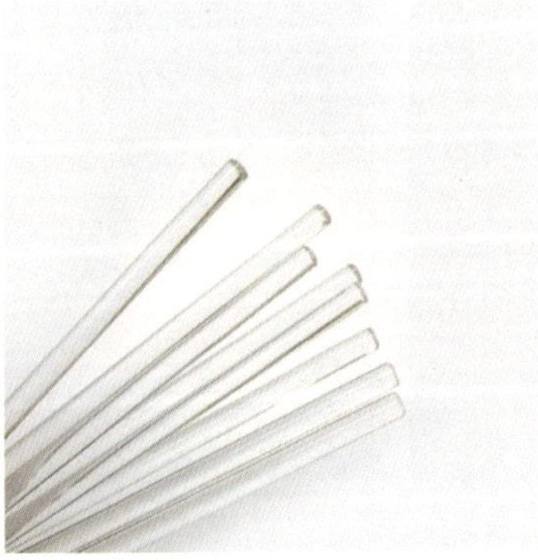

图4-6　玻璃棒

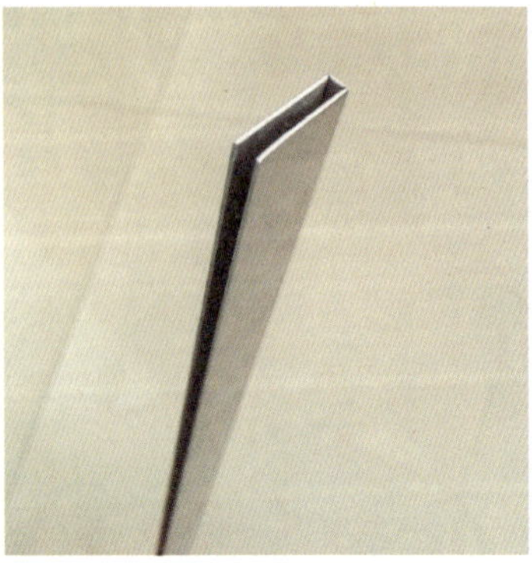

图4-7　铝型材

图4-8 彩色毛线

图4-9 彩色棉线

- 经典设计赏析 -

安迪沃霍尔的视觉艺术（图4-10）

（a）

（b）

图4-10 安迪沃霍尔的视觉设计

2. 铰节点

铰节点是像铰链一样可以上下左右旋转，部件可以绕节点变向，但相互间却不能脱离开的节点。铰节点是一种结构复杂且牢固的连接方式。它在生活中运用得最为广泛，如门合页、剪子的固定轴、收音机天线的连接点等。

铰节点是一种可动的连接，可以自由地改变方向，这种连接方式给部件与部件之间的配合提供了很多机会和较大的空间范围。为了使之更加灵活，可以在部件间增加更多数量的节点，使部件的活动范围更广泛。在接点处使用强度高、耐磨性好的材料，可以增加节点的牢固度。

3. 钢节点

钢节点是完全固定死的、不能移动的节点。钢节点是以上这三种连接方式中最为牢固的连接方式。最具代表性的就是焊接点。钢节点的形态比较难把握，它有时是点，有时是线，有时是面，视觉效果比较差。为了改善这种缺点，可以使用抛光、刷漆、外套装饰面材等方式对其加以遮挡和美化。

节点的造型应与部件的造型相互协调、统一，它既是造型结构的连接点，也是视觉效果的调节点。合理地处理节点，会给立体形态的造型增加色彩（图4-11）。

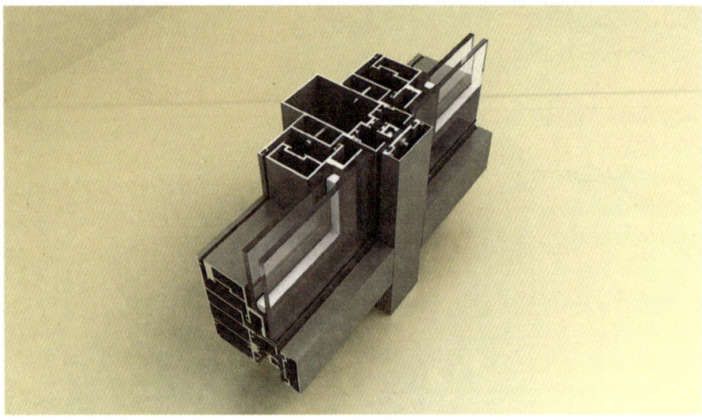

（a）

（b）

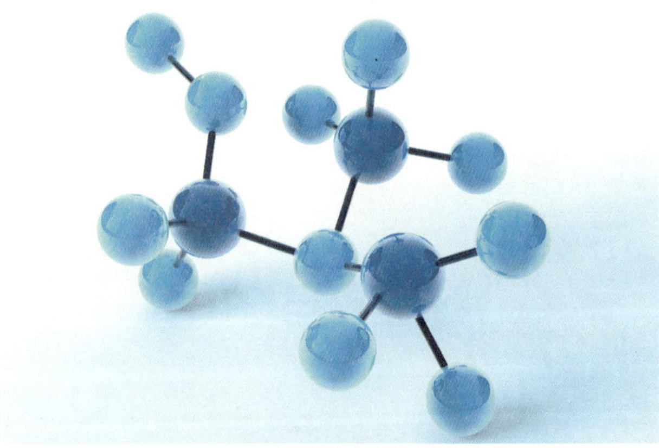

（c）

（d）

图4-11　节点设计

- 补充要点 -

立体构成与建筑设计

建筑设计是对空间进行研究和运用的艺术形式，空间问题是建筑设计的本质，在空间的限定、分割、组合的过程中同时注入文化、环境、技术、材料、功能等因素，从而产生不同的建筑设计风格和设计形式。

空间以及空间的组织结构形式是建筑设计的主要内容。建筑设计是在自然环境的心理空间中，利用建筑材料限定空间，构成一个最小的物理空间。这种物理空间被称为空间原型，并多以几何形体呈现。由某种或几种几何形体之间通过重复并列、叠加、相交、切割、贯穿等方法，相互组织在一起，共同塑造了建筑的形态。

这样，不难看出在建筑设计中，立体构成的原理和法则被广泛的应用。建筑的组织结构形式和立体构成中的形体组合构成是相同的，那些立体构成中的组合原理、规律和方法都可以在建筑设计中被运用。

三、硬性线材的构成

硬性线材具有一定刚性，粗线材具有力度感，细线材具有纤秀感，直线具有静态感，曲线具有动态感。硬性线材的立体构成主要包括自由连续构造、框架构造、垒积构造、桁架构造等四种主要构成方式。

1. 自由连续构造

点的运动轨迹形成线，根据线的这一生成规律，若其长度、曲直、重复、渐变、移动的方向等变化因素为基点，可构成各类实际形态，其形态的特质由线的运动范围所界定，体现出一定形与空隙的律动美。连续线构成，可构成折形、波浪形、曲形、圆形等形态。连续线构成又包括有序与无序、限定空间范围和不限定空间范围等类别（图4-12）。

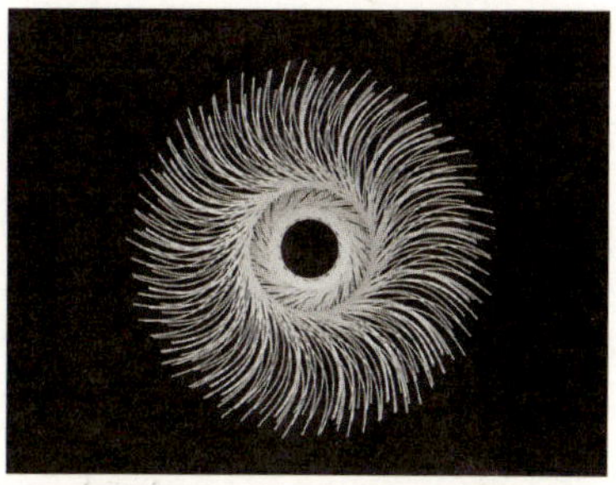

（a）

（b）

图4-12 线材的连续构成

2. 框架构造

框架构造是将玻璃棒、钢管、木条、金属条、塑料管等不能随意弯曲的硬性材料组合在一起，用各种连接方法连接起来的构造形式。它是一种重要的硬性线材构成的基本单元。一个正立方体如果不是由六块大小相同的正方形面材组构，而是由十二条硬线材来组构，那么这个立方体就是虚体。作为虚的正立方体比由六个面组构的实的正立方体更为复杂。

一个立体框架即是一个基本单位，可以用基本单位进行组合。在重复叠合时，可以在位置上或方向上做迁移的变化，还可以有加减或穿插等（图4-13）。

3. 垒积构造

把材料重叠起来堆积而成的立体的构造。垒积构造是采用单位硬质线构的积垒、插接、索扣、粘接等结合方式，应用美的形式法则所进行的立体构成形式。可以使用不同的基本元素、材质、组合方法在立体形态的造型上。垒积构造具有较强的审美价值，同时具有设计思维的拓展功能。垒积构造形成有伐材垒积、面材垒积、块材垒积及它们之间混搭运用（图4-14）。

4. 桁架构造

桁架又称为网架，是建筑术语，它是以硬性材料构成的另一种重要的基本单元。桁架构造，常用于大跨度的厂房、展览馆、桥梁等公共建筑，以节的结合方式组成三角形，再以三角形为单位构筑形态的方法。在现实生活中，使用木材或钢架所建成的房屋顶部大都采用这种构造方法。衍架构造有压缩力和引拉力两种受力方式，由于各部件之间能够相互起到支撑作用，因而具有整体性强、稳定性好的优点。

桁架构造的最大特点是节点处受力后，可以通过连杆将所受的力分散后传递出去，所以能使用较少数量材料构筑较大的容积和空间（图4-15）。

（a）

（b）

图4-13 线材的框架构成

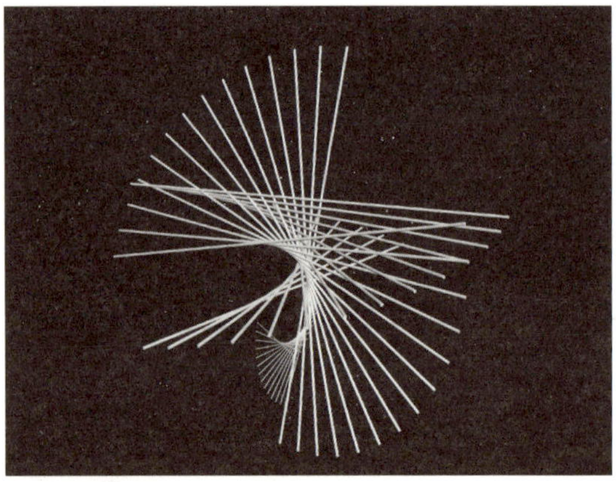

（a）

（b）

（c）

（d）

图4-14　线的垒积构造

（a）

（b）

图4-15　桁架结构

- 补充要点 -

法国蓬皮杜中心

蓬皮杜中心（Centre Georges Pompidou）全名为蓬皮杜国家艺术和文化中心，是坐落于法国首都巴黎Beaubourg区的现代艺术博物馆。1969年是已故总统蓬皮杜决定兴建蓬皮杜中心，设计者是从49个国家的681个方案中的获胜者意大利的伦佐·皮亚诺和英国的理查德·罗杰斯，1972年正式动工，1977年建成，同年2月开馆。整座建筑占地7500平方米，建筑面积共10万平方米，地上6层。整座建筑共分为工业设计中心、公共情报图书馆、现代艺术博物馆以及音乐与声乐研究中心四大部分。

中心大厦南北长168米，宽60米，高42米，分为6层。大厦的支架由两排间距为48米的钢管柱构成，楼板可上下移动，楼梯及所有设备完全暴露。东立面的管道和西立面的走廊均为有机玻璃圆形长罩所覆盖。大厦内部设有现代艺术博物馆、图书馆和工业设计中心。它南面小广场的地下有音乐和声学研究所。中心打破了文化建筑所应有的设计常规，突出强调现代科学技术同文化艺术的密切关系，是现代建筑中高技派的最典型的代表作（图4-16）。

图4-16　蓬皮杜艺术中心

- 经典设计赏析 -

杜尚的画作艺术（图4-17）

（a）

（b）

图4-17　杜尚的画作

四、软性线材的构成

软性线构成的立体，较为轻巧但却有较强的紧张感。自然界中典型的软线形态当数蜘蛛网，蜘蛛能用它那细丝状的网捕获比它大好几倍的昆虫。

软线材构成常用硬性线材作为引拉软线的基体。在制作软性线材作业时，首先必须制作框架，框架的造型是按作业的设计意图来定的，框架的作用是用来支撑固定软性线材的，应以结实牢固为好。

软性线材的构成主要是运用线的排列和交错形成面的关系，排列的密度是关键，它可以使线的集聚产生不同的渐变效果和面的虚实感觉。如果用几组线群进行交错结构的组合就会产生更为丰富的虚实空间感觉。在具体的制作过程中，线立体的构造方法主要有拉伸构造、线框构造、线层构造、线织面构造和自由构造等（图4–18）。

1. 拉伸构造

拉伸构造是以一个固定的硬性材料作为拉伸牵引软性线材的基本框架，在软性线材的拉伸牵引下构成的形态。软性线材一般是按照一定的顺序排列或交叉排列，形成强烈的韵律感和节奏感。

当线材被拉伸后，会产生很强的反抗力，利用这种反抗力可以悬挂很重的物体。例如，杂技中走的钢丝，晾衣服的绳子，以及生活中常见的斜拉桥。但在制作过程中，需要注意拉伸距离的选择，以便线材被拉伸后能够发挥最大的功效（图4–19、图4–20）。

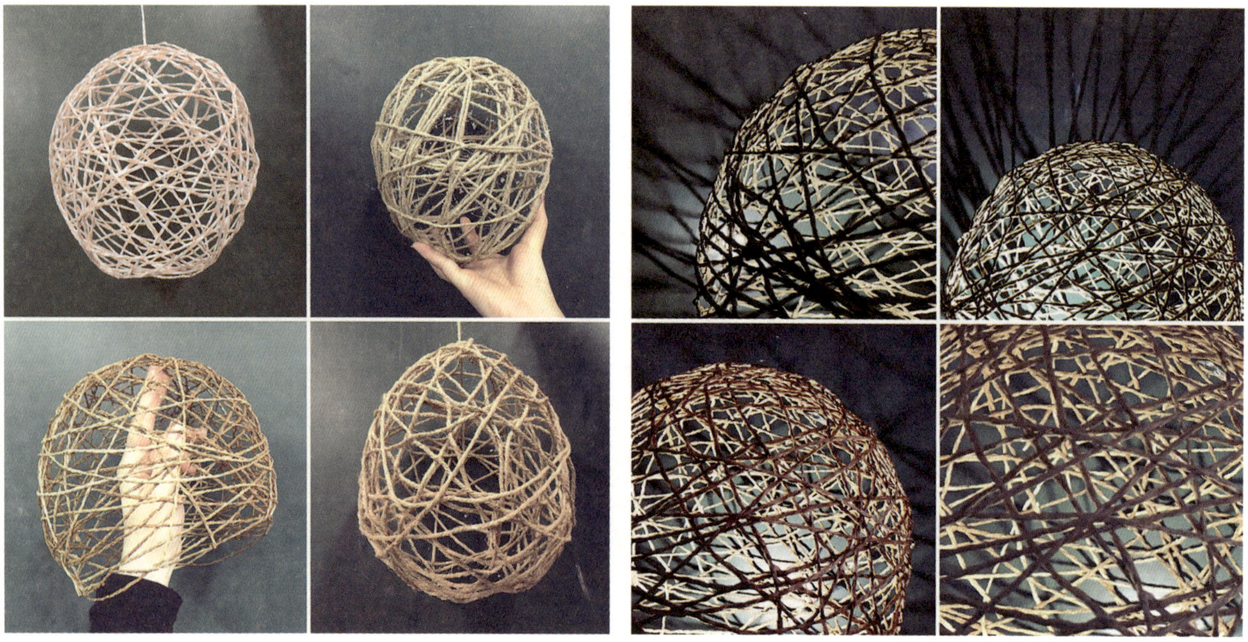

（a）　　（b）

图4–18　软性线材构造

图4-19　拉索桥

图4-20　半拉索桥

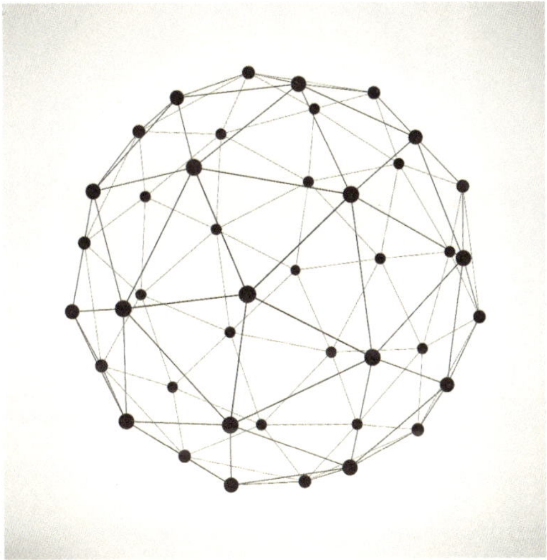

（a）

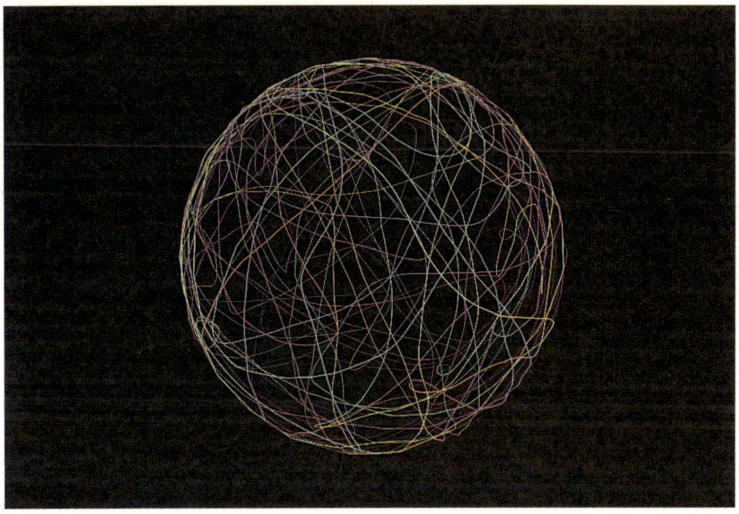

（b）

图4-21　线框构造

2. 线框构造

线框构造是通过线框的重复叠合和加减穿插来达到构成立体空间形态的目的。线框构造结构稳固，通透清晰，能够清楚的看到构件之间的结合方式和架构关系，体现力量的支撑和走向，具有强烈的结构美感（图4-21）。

3. 线层构造

线层构造是将线材按照一定的秩序来排列、透叠、旋转、渐变形成立体形态的方法。线层构造具有强烈的节奏感和韵律感，线条或重叠排列，或渐变透叠，或旋转变化，形成绵延不绝的视觉感受，使抽象形态具有方向感和生命力，形态变化的同时体现了力量的运动变化（图4-22）。

4. 线织面构造

线材按照母线移动的轨迹逐渐地排列出相应的曲面或织面，这种造型的方法称为线织面构造。线织面按结构可以分为圆柱形线织面、圆锥形线织面、双曲线抛物面、螺旋形线织面等。空间内的直线称为母线，而导线一般以基本框架的形式出现，然后在上面钻孔，以便软线材通过。如圆锥形线织面是以一点为圆心，母线的另一端沿着穿过该点的直线的垂直平面做圆周运动。

因此，线织面构造实际是空间内含直线的曲面以基本线织面为基础，加上母线软硬的不同，导致线质的变化、运动速度的差异、方向位置的区别等可以创造出多种形态的线织面（图4-23）。

（a）

（b）

图4-22　线层构造

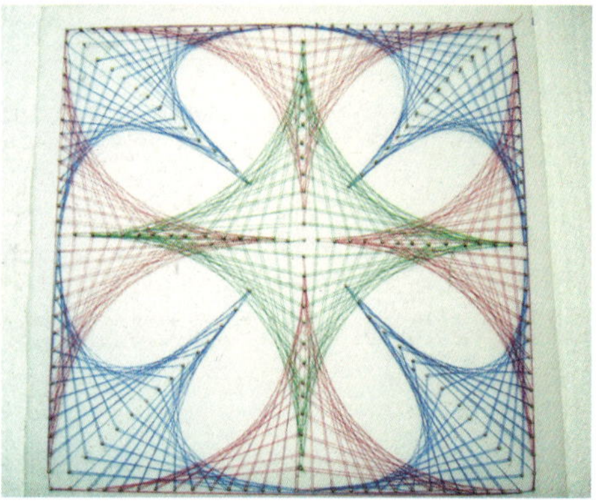

（a）

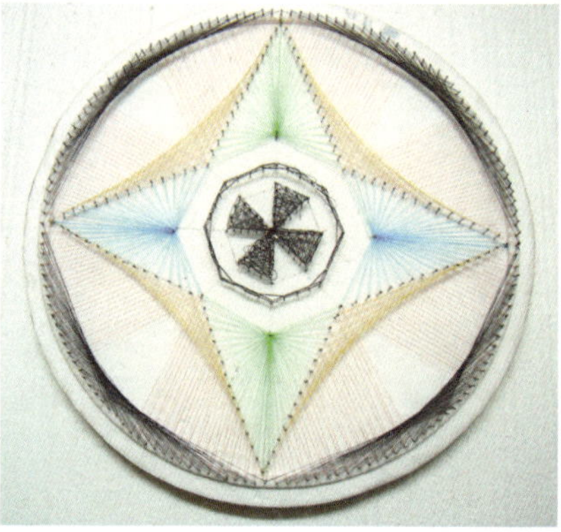

（b）

图4-23　线织面构成

5. 自由构造

是充分利用各种线条的特性，自由运用各种手法完成线立体形态的一种方法。可以利用线材的弯曲、线材的聚集、线材的编结、线材的堆积、线材的缠绕、线材的垂搭等各种手段，以及综合运用硬性线材和软性线材来塑造立体形态。由于材料和手法的自由运用，可呈现出不同的感觉（图4-24）。

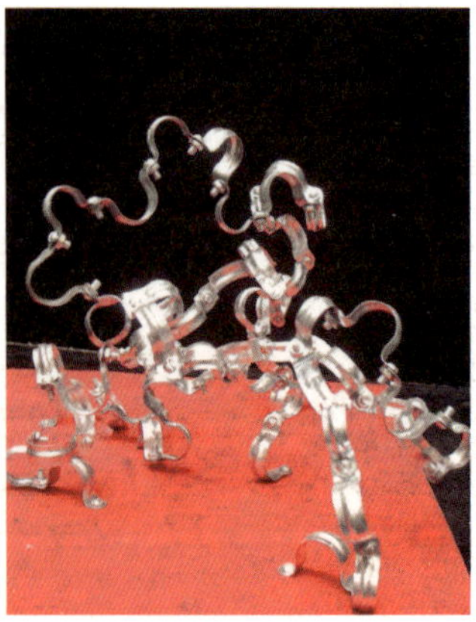

（a）

（b）

（c）

图4-24　自由构造

6. 编结构造

缠结构造是一种利用自古就有的结索编绳技术进行软性线材的构成设计。直到现在，人们一直沿用着古人以精辟的智慧构造出的各种结索方法，如品结、反手结、反手环结等，都灵活的应用在现代室内装修上。室内装饰纤维织品主要包括地毯、墙布、窗帘等，这类纺织品的色彩、质地、柔软性等特征都会对室内的质感、色彩以及整体效果产生影响（图4-25）。

除此之外还有绳梯、套索、索结、制网、鱼钩结等与日常生活密切相关的用途。

（a）

（b）

图4-25 编结构造

- 补充要点 -

立体构成与工业设计的关系

在现代人类的生活中已经无法离开工业产品设计，从喝水用的杯子到家里陈设的家具，从使用的各类电器到身上漂亮的衣着，还有出行乘坐的交通工具，以及珠宝首饰装饰品，都是工业产品设计的范畴。工业产品设计是使人们的生活更舒适、更惬意的一种手段。这种设计客观真实地影响着人们的生活。

工业产品设计是科学技术与艺术的融合，是工业产品的使用功能和审美情趣的完美结合，所以，在工业产品设计中特别强调产品设计的功能性、审美性和经济性。随着时代的发展，现代工业产品设计的发展也已经历了一个多世纪，在发展中，工业产品设计被更多地注入了精神和文化的内涵。工业产品的设计过程是把抽象的理念和技术，转化为可以摸得到的实实在在的东西，这种抽象的理念就是创造性思维。立体构成的学习和训练就是为了培养学生的创造性思维，掌握立体造型的规律和方法。常常有许多好的立体构成造型，只要融入实用功能就会成为一件工业产品的设计造型（图4-26）。

（a）

（b）

图4-26 工业产品中的立体应用

第三节　面立体

面在几何学上的定义是线移动的轨迹，所谓面材，是指呈面状即面积比厚度大很多，而不论其有弹性或无弹性、坚硬或柔软、透明或半透明的材料。

面材立体构成，也就是板材的组合构成。它是以长、宽两度空间的素材所构成的立体造型。用面材构成的空间立体造型，较线材有更大的灵活性和空间深度感，其功能也更强。它可以在二维空间的基础上，增加一个深度空间，便可形成为空间的立体造型（图4–27）。

一、面的印象

以长宽为形态特征的材料，给人平坦、单薄、开阔、简洁、延伸的感觉。面可以分割空间，没有厚度特征，所以从另一个角度看，面具有线的感情色彩。面是介于线和块之间的形态，面和面的组合更有利于三维空间的表现。

在现实生活中，许多空间立体造型结构都具有面材构成的特点，如悉尼歌剧院的立体构造就具有明显的感情色彩。因此，在立体构成中进行面材构成的基本训练是非常重要的，通过各种面材进行构成练习，加深面材结构所形成的立体空间认识对造型设计以及空间设计有重要的意义。

二维特征的面材经过加工可以成为具有三维特征的材料，大大增强了面材的可塑性，形成丰富的空间效果。

二、面材构成立体的基本方法

1. 折叠

基本原理是将平面的材料通过直线的切压形成折印，再按折印进行正或反的折叠产生不同的立体造型。这类构成往往采用容易弯曲加工及定型的平面材料，如纸张、塑料片、有机玻璃等、折叠的基本手法有直线折叠、直线瓦楞折叠、弯曲折叠等（图4–28）。

折叠构成的要点是折印线的设计安排，也就是我们要先预想出折叠后的效果。进行折叠构成前，首先要画出准确的图稿、安排好各个面的连续次序，并留出需要连接的粘接口，然后在要折曲的折线上，用刀尖划出浅沟，事先做出预折线。

（a）

（b）

图4–27　面立体设计

(a)

(b)

图4-28 面立体的构成

(a)

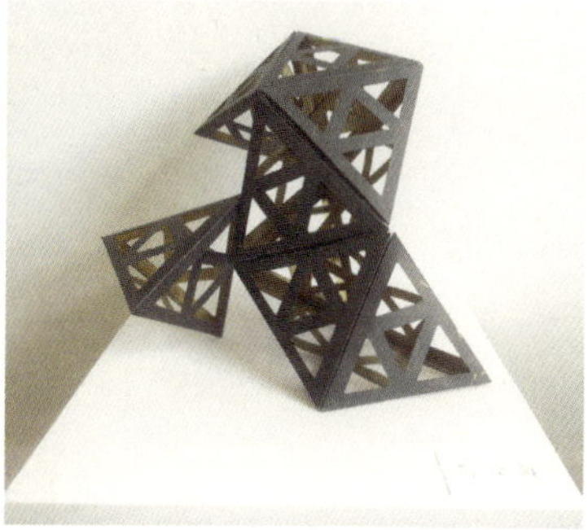
(b)

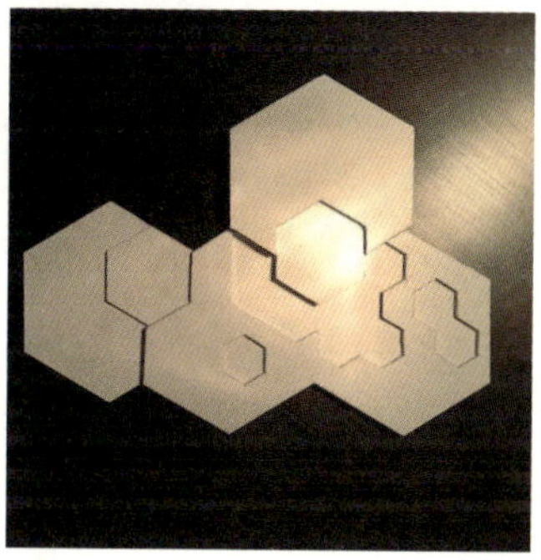
(c)

图4-29 面立体切割工艺

折印线的设计一般按重复、渐变、平行、交叉、直线、曲线等构成规律编排。折叠方向为上凸和下凹交替，可进行单折、重复折、反复折或多方折。在不同的光线下产生丰富的立面效果。

2. 切割

切割加工，是通过切割或去掉面料中多余部分，从而转化为立体，这是立体形成的主要原理之一。这种手法不但可以使平面材料立体化，还可以加强空间感。在切割时，要注意切割线之间的关系，注意大小、疏密等变化，使得整体上有一种韵律感（图4-29）。

3. 粘贴

通过粘贴可使一些简单的基本形以不同的造型聚合起来，形成集聚的构成效果。将折曲面的端部，留出一定宽度的粘合面。留出的部位应在其结构的平面展开图上有计划地安排好。在一个多面体组合的展开图中，它的粘口部位，一般都设在相同的一侧，排列起来很有秩序。黏合剂通常使用白乳胶。

– 经典设计赏析 –

基弗的表现艺术（图4-30）

（a）

（b）

图4-30　基弗的表现艺术

4. 翻转

通过多次折叠后翻转能折出灯笼、花朵、帆船及各种动物等形态，将平面材料完全变成立体形态。切割折叠翻转的面可以形成丰富的变化。这种技法常用于灯具结构、包装结构和家具结构（图4-31）。

5. 插接

插接手法是面材及其他构成中最常用的一种结合方法，有以下几种类型。

（1）立式插接结合。在折面的端部，加以适当的切口，使其互相穿插在一起，形成一个整体造型。这种方法便于拆卸和安装，大多应用在可携带、安装的立体结构上。

另外，也有的插接应用在包装物的分割结构上，将可装多件物品的包装容器的内空间以厚纸板分割起来，避免商品互相撞击。这种格式的厚纸板基本都采取插接的形式。

（2）带式插接结合。在带状卡纸的结合上，许多结合也采用了插接的办法，使用起来也比较方便和适用。主要有垂直式插接、纵横式插接、咬挂式插接、反折式插接等几种方法。

（3）榫接结合。在立体造型的结构上，连接的一方做出凹口，另一方做出凸榫，将凸榫插入凹口后，加上横销或加以粘合，特别是在木质材料的结合上，大都是采取榫接的方法。

（4）旋插结合。这种方法多用于柱体的封口部位，也可用在包装纸盒的上下口，方法是将上口四片封盖，按回转方向顺次压紧，使之成为一个整体。

了解了面材构成表达中的一些基本加工方法后，再来学习面立体构成中的几种常见的表达形式。应用面材进行空间立体形态构成，按照其构成结构的不同，其表现形式也是多种多样的。一般可表现为：板式结构、薄壳结构、层面组合结构、仿生结构等表达方式（图4-32）。

（a）

（b）

（c）

（d）

（e）

图4-31　面立体的不同造型手法

（a）

（b）

（c）

（d）

图4-32　插接造型

- 补充要点 -

面的形象表达

相对于点和线，面的充实、厚重与安定感是不可替代的。关于面的构成，其创意思维应该不仅局限于简单的实面的拼接，还应该充分利用面的虚实、材料的对比。例如，在20世纪初“立体主义”的创作方式，常常把要描绘的对象加以“分解”，然后把物体的各个面的形象同时描绘在画布上。这些作品看上去像是一堆块、面杂乱的堆放在一起而构成的；画家们新创出一种以实物来拼贴画面图形的艺术手法和语言，进一步加强了画面的肌理变化，即提现了“面”这一种元素的虚实对比，这种做法在西方艺术史上独树一帜，开创了综合表现手法的先河。同时，也进一步理解了面的空间感和丰富性（图4-33）。

（a）

（b）

图4-33 立体主义表现

三、板式构成立体的基本方法

板式构成表达是立体构成设计中最为常见的一种样式，也称为折切构成。它的基本手法是将平面材料经过折叠、切割、粘合、翻转等加工手段后使其形成具有浮雕性质或空间立体感的立体构成造型。这种构成在生活中被广泛运用，如建筑外观的墙面，室内房顶、窗沿的造型等（图4-34）。

1. 直线式折叠构造

在平面的材料上，不经过切割、粘贴等手段，只通过直线的折印线进行反复折叠，使之构成起伏的瓦棱形或台阶形。直线构成表现的心理反应是刚直、明快、造型较为利落大方。这种技法表现出来的造型，各部分结构清晰，轮廓分明，简洁有力，整体效果比较好。

2. 曲线式折叠构造

曲线式折叠是板式结构的作业中比较常见的样式之一，曲线的基本属性是自然感强，优美活泼，富有人性化。给人更多的和谐美感。

在折叠构成中，更多采用的是直、曲结合的手法，这样既有刚直有力的因素，又有柔美的成分，给人以刚柔并济的特点。

3. 折叠、切割构造

有时切割也与折叠相结合，将平面材料进行阶梯形或瓦棱形折叠后，在其突出的棱线上进行几何形状的切割，使得被切割的部位与折叠面分离，再进行二次折叠，这样就会创造出复杂又具有节奏感、韵律感的浮雕造型。

4. 切割、拉伸构造

一般情况下，先切割后拉伸，切割是造成平面材料的局部分离，然后将材料进行拉伸，拉大切割口的距离，使材料的长度或弧度发生变化，产生立体的造型。

5. 切割、弯曲、翻转构造

在平面材料上进行切割，通过弯曲、翻转等手段，使平面产生深度关系，完成从平面到立体的造型变化。

6. 插接构造

在单元面材上切出缝隙，然后相互插接组合，形成立体的造型。单元面材通过插接可以形成较大的立体形态，插接构造易于成型和拆卸，便于加工和运输，这种技法多用于家具设计。

7. 集聚构造

集聚构造指一个基本形态不断重复或渐变形成一个基本形态集聚构成，产生的新的立体构成。这种手法是面立体构成的常用手法。集聚构成具有灵活多变的优点，能够自由地组合不同的整体造型，使作品获得丰富的韵律而达到理想的造型要求。集聚构成基本采用粘贴的方式将基本形态组合起来构成新的造型关系。

这种构成加工，首先要设计好基本形态，使其本身造型优美，然后通过对基本形态的重复排列，在整体上达到完整而有变化，使作品形成调和的韵律（图4-35）。

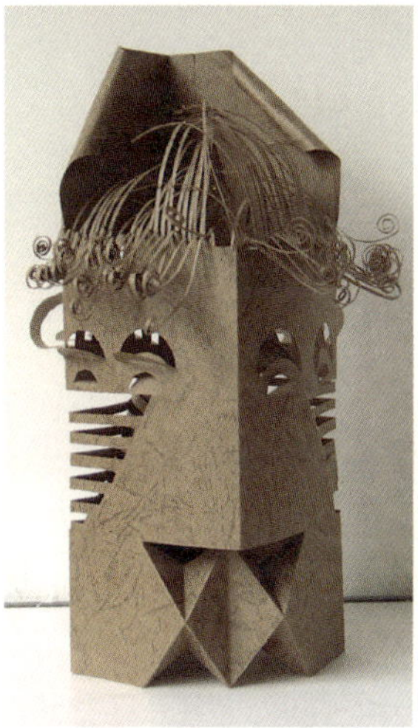
（a）

（b）

（c）

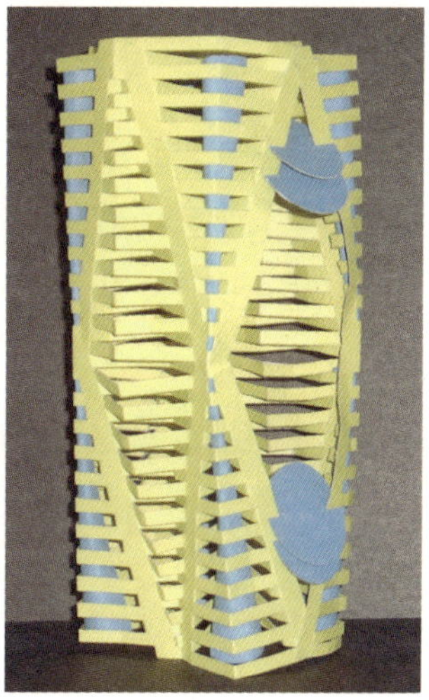
（d）

图4-34 切割构成

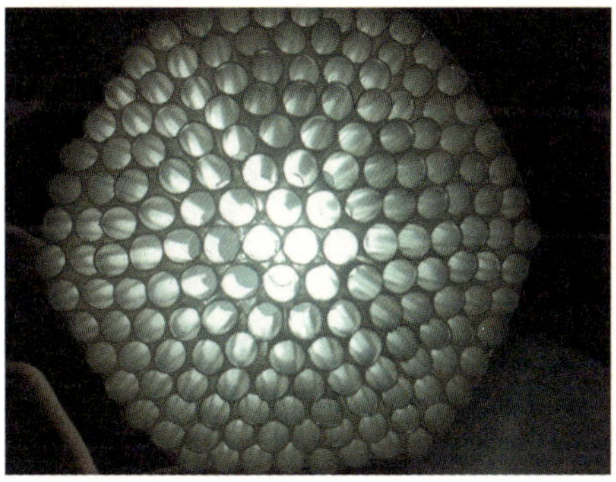
（a）

（b）

（c）

图4-35 聚集构造

四、面的立体构成表达

1. 薄壳构造

利用薄壳的折叠和弯曲来加强材料的强度的形态，称为薄壳构造。它来源于鸡蛋壳、贝壳等壳状物的形体特征。这种薄壳结构的表面虽然很薄，但非常耐压。头盖骨就是一个典型的保护脑部的硬盔式薄壳结构。

薄壳结构有两个明显的特点，强度和曲面。现代建筑中有相当一部分建筑都是薄壳构造，如体育馆、剧场、博物馆等。

薄壳构造通常分为球形壳体和筒形壳体两种。球形壳体是在球形表面的任何部位增加对外的张力，其作用力的反方向指向球的圆心；筒形壳体只在筒的表面增加对外的张力，其作用力的反方向指向中心。除此之外，还可以用简单的壳体结构作为单位体，进行壳体结构的组合（图4-36）。

壳体形态的基本制作方法如下。在画好各种几何形的厚纸板上，用刀片在背面割划，这样便于弯曲折叠，然后做成壳状形态。不同形状的壳体，抵抗外力的能力也是不一样的。如将一张白纸平放在两本厚书中间，纸会凹下去，不能平展地呈现。但把纸折成一起一伏的形状放在两书中间，就能平展地呈现，甚至能够承受一支笔的重量。

2. 层面组合构造

层面组合又称为层面排出，是指一种面材造型的集聚组合。用比较有硬度的面材如厚纸板、玻璃片、金属片等，按比例有次序地排列组合成一个新的形态。基本形态可以是直面，也可以弯曲或曲折；可选用重复、渐变、发射、旋转等手法表现。总之，就是在重复这些基本形态的同时保持基本型的间距使之排列成各种各样具有视觉冲击力的队列。层面组合通常分为以下四种类型（图4-37）。

（1）单一型层面组合。将形状相同的面材堆积重叠，这是非常自然简易的层积方式，具有朴素的美感。处理这类层积组合时，必须注意材料的选择，以材质自身的美感来弥补层积手段的乏味。

（2）变化材质层面组合。这是将不同材质的物质堆积成型的层积手法，这种层积法是利用各种材料的性质、肌理和色彩的差异获得丰富的层积效果。

（3）渐变层面组合。用大小不等的层积材料，进行有次序的排列堆积成型，使体积的轮廓产生渐变的效果，从而使堆积物的形态发生千姿百态的变化。

（4）自由型层面组合。自由层积组合使用面材在空间中自由组合产生立体空间形态，这种层积组合可以产生丰富多变的层积效果。可对面材进行切割、挖孔或使用透明面材等处理，可以使虚空的立体面材所限定的空间更富于变化及表情。

（a）

（b）

图4-36 薄壳构造

3. 插接构造

这种构造是多个面材之间的一种组合方式，具有丰富的表现力。进行插接面构成的时候要先将面材裁出缝隙，然后互相穿插连接。这种加工方式适用于有一定厚度和硬度的纸板。插接的形式可以分为几何体和自由体插接。

几何形态的插接分为断面形插接和表面形插接。断面形插接是将几何形态分割成若干断面，将这些断面通过互相插接构成几何形体；表面形插接中，各个多面体的基本形都可以换成插接面。插接的方法比较简单，只需要注意插缝的形状大小，根据插接的方式决定切割什么样的切缝（图4-38）。

（a）

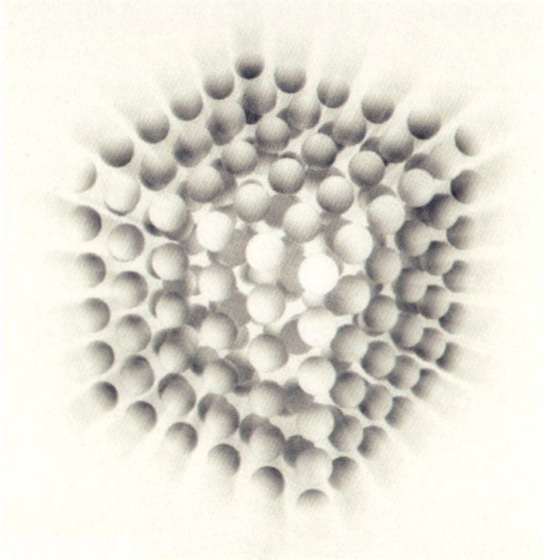

（b）

图4-37　组合构成

五、可展开的立体构造

1. 柱式构造

在立体构成中，柱式构造是一种相对独立的造型样式，柱式构造分为圆柱、方柱、三角柱、多角柱、多棱柱等多种造型。柱式构造的基本手法是用平面材料进行绕圆周的重复折叠或弯曲构成后将边缘粘住，即构成了没有封闭柱端的透空柱体；再将两端封闭，就构成了柱式的封闭空间造型。

柱式构成造型的变化部位，归纳起来有：柱端变化、柱面变化和柱体棱线上的加工变形等。这些造型的设计和形成，一般都要在柱体封闭粘接之前的展开平面上进行。

柱式构成具体制作形式有平面折曲、压曲构成、曲线压曲、柱面折曲转体等。柱式结构有三种变化：柱端的变化、柱面的变化和柱体楼线的变化（图4-39）。

（1）柱端的变化。是在柱体顶部和底部的展开面上设计不同造型的折叠压印线，在构成柱体的同时，折叠这些压印线，使之产生柱端的造型变化。柱体可切断两端后向外曲折成三角形；也可以在柱体角部进行切割，向内凹成方台型，或进行锥体造型。总的来说在设计实例中，柱端变化的应用很广泛，比如建筑设计中的各种柱头纹样、包装设计中的各类瓶罐造型等。

（2）柱面的变化。主要集中在柱体部分，通过折叠、切割和粘贴使得柱体出现丰富多彩的视觉效果，呈现折入、折出、弯曲的变化效果，还可以在柱面上添加某些东西，使之产生不同的效果。

（3）柱体楼线变化。是在靠近柱边的柱面部分进行剪割添减。由于柱边是两个方向不同的柱面会合而向外突出的地方，所以柱体楼线的变化大多对柱面有一定的影响。当柱面的变化程度提高时也会反过来影响柱体楼线的变化。

（a）

（b）

图4-38　自由层面组合

（4）透空柱体堆叠。在自然界中最典型的堆叠就是蜂窝。透空柱体最简单而又最牢固的连接方式是柱面之间的连接。如果是透空棱柱，还可用柱边连接等方式。但柱边连接时，由于柱边之间的接触面太小，使用胶水不容易粘牢，因此有时采用使透空棱柱的柱面延长，使之成为另一透空棱柱的柱面，以利于接合。透空柱体堆叠可以将各基本单位进行形态渐变，也可以进行大小的渐变，还可以在透空柱体内添加各种不同形状的面材进行添加形的渐变。

2. 球体构造

线的无限排列组成面，那么，多个面的组合就会构成一个体，在这里指的几何体是球体。由于多面体表面几何块面的增加，整体的感觉就越来越倾向于一个没有棱角的球体，球体的特征就会更加明显。球体结构分为两种类型，即柏拉图多面体和阿基米德多面体。柏拉图多面体主要有正四面体、六面体、八面体、十二面体、二十四面体五种。阿基米德多面体主要有两种等边十四面体，一种为六个正方形、八个正三角形；另一种为六个正方形、八个正六角形。此外还有八个正三角形、十八个正方形的等边二十六边体等多种多面体形式。

球体结构发展的共同特点为，在每个等边棱的中点上通过切割均可获得新的面体形态，如正方体，若在每个棱的中点作切割加工，切掉各个角即可获得正八面体；正六面体，若在每个棱的中点作切割加工，切掉各个角即可获得正十四面体；等边十四面体，若在每个棱的中点作切割加工即可获得等边二十六面体等。通过对这一规律的掌握，设计者可获得无数多面体结构，直至发展到纯球体（图4-40）。

六、仿生构造

仿生式构造是指用模仿和提取的手段将自然界中物体的造型特征用于形象

（a）

（b）

图4-39 柱式结构

（a）　（b）　（c）

图4-40　柏拉图多面体

- 补充要点 -

形式法则的审美观

1. “和谐”之美

“和谐”是中国传统艺术和西方古典艺术的最高审美标准。

中国的和谐是从美学、艺术的角度，以儒家的中和、道家的天和为主的“和”的关系，具有很强的感情色彩。

西方的美在于数的和谐，美是理念的感性体现，也就是理性的和谐，具有很强的理性注意。

2. “冲突”之美

冲突之美是兴起于中国封建社会末期的美学思潮，是对传统审美观的突破。西方的现代机械美学的确立则对古典美形成了冲击。功能主义的影响则使艺术创作中出现了不对称、不均衡的自由构图，对比强烈、节奏鲜明。

3. “非理”之美

非理性的审美观反对古典审美观的一元中心，二元对立，否认权威和重心。认为一切事物的生成都是无休止的构成——结构——重构。造型要素走向结构，即几何化和抽象化。

的再创造中。仿生可分为人物、动物、植物和第二自然物四大类。一般提及的仿生都是对动物、植物的模仿；对人物的仿生难度较高，因此一般只进行概念模仿（图4-41）。

通过对自然物的模仿，学会如何提取自然物体的形态结构关系，学会把自然形象的体量还原到最单纯的几何关系，抓住本质特征，先做出大的形象类别区分，再找出每一类别中的形象特征作为原型知识，这些原型知识的积累，对立体形态的创造有很大的帮助。

仿生结构的制作需要注意以下三个要点。

（1）要搞好仿生结构的创作设计，作者必须要深入生活体察生活中的各个侧面，从中吸取充分的养料。

（2）在表现手法上，一种是可以概括表现其大的形象特征，舍弃其烦琐的细微变化，适当夸张其造型的韵律，使作品富有装饰效果。另一种是可以进行

（a）

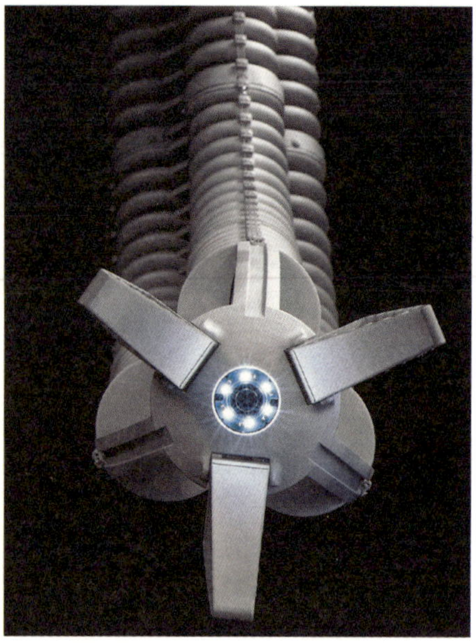

（b）

（c）

（d）

图4-41　仿生构造

更高层次的变形，按其自然形象的特征，高度概括成抽象的几何形体，造成一种脱离自然形态更大的装饰造型。

（3）在加工手段上，由于仿生结构的形体构造比较复杂，所以，不能拘于某几种加工形式，必须将前几节所实践过的各种手法综合地加以应用。

第四节　体块的构造

体材也称块材，是立体造型最基本的表现形式。是塑造形体使用较广泛的素材，它能最有效地表现空间立体的造型。凡是具有一定体积的实心材料或表面全封闭的空心材料，均可认为是块材。那些简洁的几何形体，如正方体、三角形体、圆锥体、多面体或是经过切割变化的体块都可作为基本形运用。

块材大体是具有长、宽、高三维空间的封闭实体，具有充实感。块材的造型形式可以通过单体和组合体来理解。体块立体构成，顾名思义是以块材为基本形体的构成。块材包括实心块体与空心块体，其中空心块体包括中心镂空的块体和由面材包围成的空心块体。

一、单体

印象派大师塞尚这样说过“自然界的物象皆可还原成简化的球形、圆锥形、圆筒形的构成。”把各种单体归结成球体、圆柱体、圆锥体、立方体、方柱体和方锥体等基本形体来加以研究，这样能提高学习效率。

1. 变形

变形主要是使冷漠的集合形体向生动的有机形体转化，从而更具有动势、力度感和人情味。

在日常生活中，最常见的单体是立方体，比如电视机、冰箱、书柜等，所以我们将单体切割的重点放在立方体上。将一个立方体进行等分割，根据切割方式的不同，就可以产生不同的立体形态。

单体演绎则用球体、圆柱体、圆锥体、立方体、方柱体、方锥体；材料采用橡皮泥、黏土等作基本形，利用拉扯或挤压的外力作用，使之产生异变。但这种基本形缺乏生命力，因此需要从外界施力于几何体，观察其扭曲后的形态，一般有以下几种方式。

（1）扭曲。轻度扭曲可以使形体柔和富有动感；强烈的扭曲蕴涵了爆发力。

（2）膨胀。表现出内力对外力的反抗，富有弹性和生命感。

（3）内凹。表现外力对内力的压迫感；或是表现内在的吸附力。

（4）倾斜。使基本形体与水平方向呈一定角度，出现倾斜面或斜线，产生不稳定感。

（5）盘绕。基本形体按照某个特定方向盘绕，呈现出具有引导意义的动势。盘绕可以是水平方向的，也可以是三维的。

2. 减法构造

减法构造一般以几何单体作为基本形，做表面的减削。表现的减削是指在几何体表面刻某种洞孔，边线的减削是指在几何体边线上切除或挖雕。但需要注意，边线是由几何体上相邻的两个表面合成的，对边线的处理会影响到邻近的表面，边线本身没有实际厚度（图4-42）。

3. 加法构造

单体的增加可以从表现的增加、边线的增加以及棱角的增加着手。表面的增加是通过在几何体表面附加某种形体，边线的增加是指在几何体的边线上加插某种附体，棱角的增加是指在几何体棱角上作切除的修饰。这些处理会相互影响，如边线的处理会影响邻近的表面，棱角的处理会产生更多的棱角等，因此我们需要从整体上去把握（图4-43）。

（a）

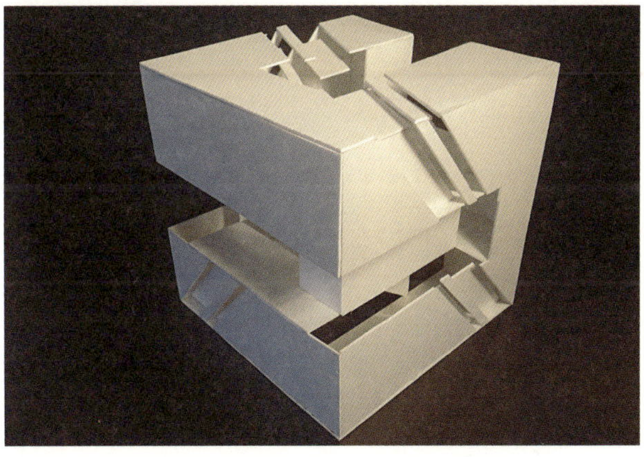

（b）

图4-42 单体减法构成

（a）

（b）

图4-43　单体构成

图4-44　直面体构成

图4-45　曲面构成

二、直面体和曲面体

1. 直面体构成

以直平面表面所构成的形体或以直面、直线为主所构成的形体就是直面体构成。直面体的立体构成具有明显的转折面，有挺拔的棱边，明晰、单纯有力、理性化，具有人造物的普遍特征（图4-44）。

它的造型意识主要是传达意念与个性特征，确定立体形态的体量、空间感，增加视觉效果。

2. 曲面体构成

曲面体构成是以曲面或曲线构成的形体，曲面体的立体构成具有活泼感、生命力、自然多变、富有个性等特征（图4-45）。

曲面体构成的具体形态特征有：线状、面状、体状、带状、螺旋状等，有几何曲面体和基本曲面体两种特征。

三、组合体

组合体是指两个以上的单体所组成的形体，根据组合的不同可以分为相同单体组合、不同单体组合、群体组合等，根据组合形式的类别可将其分为单体组合和群体组合两大类。

1. 单体组合

单体组合即由一系列或若干单元体组成的组合体。单元体是组合体的基本单位和首要条件，也称为细胞单元体，分为相同单元体和不同单元体，单元体要求单纯，简洁鲜明，有组合的可能性。另外，组合体还应有形架概念，即空间形式与架构，支配和规范各种形体的组合秩序（图4-46）。

相同单体的组合有三种变化方式：位置变化、数量变化和方向变化。这三种变化方式的运用，可以构成渐变式排列、发射式排列和骨骼式排列等形式。若先将多个单体组成一个基本形体，然后由这个基本形体构成更大的形体，将会发现更多不同组合体。

不同单体的组合可以是大小不同，也可以是形态不同。采用渐变式排列进行组合可以获得比较好的效果，如由曲到直、由大到小等。

2. 群体组合

群体组合构成是巧妙地把实体和空间有机地组合起来，构成一个完整的空间系统，传达一定的意念，产生特定的视觉效果（图4-47）。

群体组合有以下几种形式。

（1）线条式。在空间中形成一条清晰的直线或曲线、折线，强化主线条的方向感和节奏感。

（2）集中式。将所有的要素集中在一个重心，

（a）

（b）

图4-46 单体组合构成

（a）

（b）

（c）

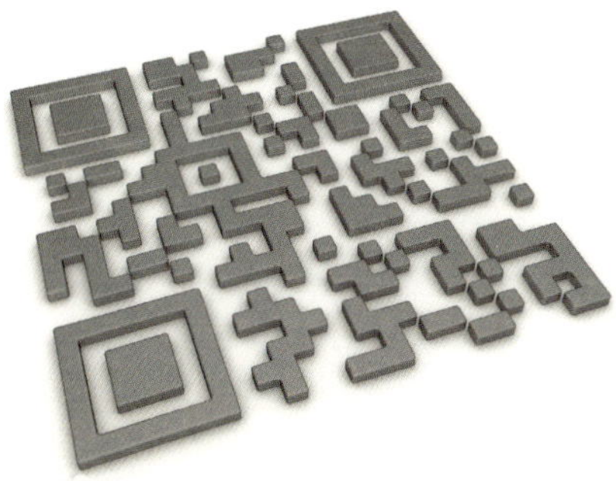
（d）

图4-47 群体组合

即所有的形态围绕中心主导空间形成向心状态。

（3）网格式。运用坐标形式，形成一定的网络特征，规整严谨。

群体组合要求主次分明、平面、立面以及侧面有机结合，强调空间流向达到整体同一，使空间和形体组合产生不同的视觉效果。

– 补充要点 –

形式美感的产生

内在自然的人化是形式美感产生的前提。人类的活动不同于其他动物。其生存活动的根本分界就是人在劳动生产中能够使用和制造工具。当原始先民制造工具时，就必须注意它们的功能和形态，并把它们连接起来，如能穿刺的尖形、能滚动的圆形等，在对事物的功能形态的把握中，透过形式看到它的价值意义，这就使人的感官更加复杂。因此，美感的产生与发展离不开人类社会发展的历史过程。

人类通过造物实践使自然人化。所谓自然人化，是指人本身的情感、感知、需要以至器官的人化。两个“自然的人化”都是人类社会整体历史的成果。就人的主体而言，内在自然的人化又可分为三个领域：一是认识，主要培养逻辑思维；二是意志，主要培养道德品质、意志能力；三是情感，主要培养人的美感、审美能力。这三个领域互相作用，相互渗透，统一在人这个整体上。常说的美感就属于内在自然的人化，它可分为感官的人化和情感的人化两个方面。

课后练习

1. 简述半立体的造型思维。
2. 节点分为哪几类，他们分别有什么特点?
3. 简要说明硬性线材和软性线材的几种构造方式。
4. 简述面材的几种基本构成方法。
5. 板式结构有哪些构造方式?
6. 在80mm×80mm的正方形白卡纸上，用一切多折和多切多折的加工方法，分别做出两个不同系列的半立体构成作业，每个系列六个，裱在一张280mm×300mm的黑色卡纸上。
7. 运用不同种类的线材制作一个立体构成作业。从中体会构成要素的组合规律，材料不限。

第五章

立体形态的视觉与综合应用

PPT 课件，请在计算机里阅读

学习难度：★★☆☆☆
重点概念：立体序列、立体均衡、综合应用

章节导读

对于所处的环境，除了要求有适宜的条件外，还需要能随时了解周围出现的情况，也即需要及时感知各种变化的信息。信息是通过感官获得的，主要表现为听觉、视觉、触觉、嗅觉、味觉、热感觉及其他一些尚未弄清的感觉。在前面的章节中曾提到过人的知觉，而在本章学习中，将进一步的了解人的感觉体验。(图5-1)。

图5-1　锥形立体

第一节　形态的序列感

一、概述

知觉起源于环境中的各种因素对人体感官产生的刺激，在人体接收到这些刺激后，将其转化成神经脉冲，再传递给中枢神经系统，再经由大脑处理后，产生反应信号传递给肌肉，就产生了人的各种行为。所以在人的感知过程中，大脑需要将反应后的信息进行整理分类，将刺激区分为有关或无关两类，无关信息直接储存到记忆中，也就是我们常说的下意识，另一部分则立即合并到人体意识中，产生人体反应。

视觉是人体各种感觉中最重要的一种，人体的信息获取有87%都依靠于视觉来获取，并且有75%～90%的人体活动是由视觉引起的。和触觉不同，触觉是依靠触摸单独的感知一个物体的存在，而视觉则

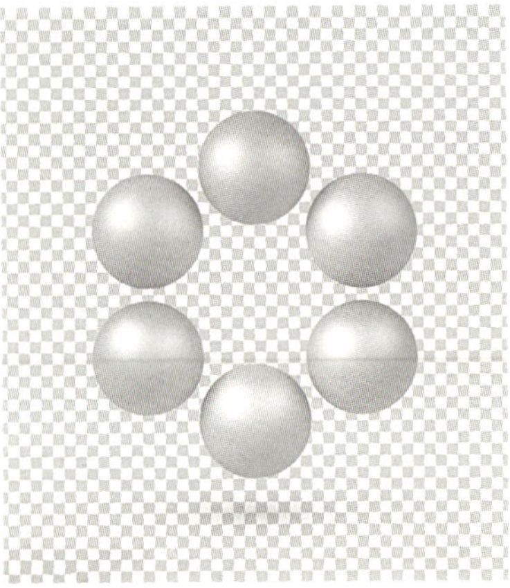
图5-2　圆形阵列

可以感知环境的大部分或全部。

举一个简单的例子，在看到图5-2时，首先感觉到这是六个圆，而不是六个点。大脑在确认它们是六个点之前就已经察觉到这个大圆了。而这种感觉决定属性的阶段就是从特殊现象中找出一般的和最高的辨认水平。即在任何给定视野中感受并辨认出来的圆的阶段。“看”并不是一种对图像的被动反应，而是由大脑指挥和说明的一个积极的寻求信息的过程。视觉感知到的信息配合其他的感觉与过去的相似的经验进行比较与辨认，并且根据输入的刺激分类再寄予注意，以区分它是一个视觉的信号还是噪声。这就是信息的内容和刺激相互作用的结果。

一个环境中的情况若与肯定的预测相符合，并能引发积极的情感反应，那么就认为这个环境是亲切、有吸引力或是说愉快的。反之，这个环境中的情况将在情感上唤起一个消极的反应，人们会感到它是疏离的、不愉快的。所以，一个视觉环境设计的成功与否，与设计师对环境的处理有直接的关系。

二、形态的序列感

序列感是指形体的某种构成特征呈现有规律性的变化，从而产生有秩序的视觉美感。秩序是指整体与单体，以及各部分之间产生的关系。它强调群体化和组织的原则，即在群体的形态中找出其存在的规律。秩序在造型中的作用很多时候表现在节奏上，最简单的表达方式就是将一个单位进行有规律的重复表现，这时便可以感受出其中的节奏韵律，但这种简单的节奏容易显得单调乏味。应在整体上再进行变化，使其富有刺激性，构建出有活力、有秩序的画面来。

通过对形体与空间的大小、形状、粗细、色彩等元素进行反复、交替、渐变等形式进行排列组合可以创造空间形态的序列感。这种组合方法可以使空间形态产生优美而富有变化的韵律（图5-3）。

（a）

（b）

图5-3　形态的序列感

第二节　形态的均衡感

均衡是观赏对象必须具备的特性，是形体物理上的均衡感和视觉上的均衡感。立体构成中的均衡感体现为形态分割后视觉作用于心理感受的重心稳定。换言之，视觉的均衡感是指立体形态的量感与重心，能够满足视觉所需的稳定感觉。这里的量感指的是空间形态的心理量感。

影响均衡的因素有形状、大小、色彩、方向、位置、材质等。将立体形态的疏密、虚实、大小、方向等组合关系恰到好处地处理妥当，可以刺激人的视觉感官，使人们及时感知各种变化的信息，同时产生均衡的效果。形态的均衡可以分为对称均衡和非对称均衡。

一、对称均衡

对称均衡，实际是均衡的一种特殊形式。对称是最完美的一种平衡，这种对称性均衡以中轴线为基准，可以呈上下对称、左右对称或呈环状对称，它给人以庄重、大方、完美、和谐的感觉。这就是前面讲到的：若环境中的情况与我们肯定的预测相符，并能引起感情上的积极反应，那么这个环境将被看作是亲切的、有吸引力的或者愉快的，是符合视觉审美需要的。人们之所以有这种美好的感觉，主要是因为均衡（图5-4）。

二、非对称性均衡

形态的左右、上下等两个对应部分的元素本身不均等，但通过调整中轴的距离远近与平衡蕴含的张力大小，在心理上和视觉上达到一种均衡状态，即指中轴两边不等量的形态，由于其被放置的位置、大小等关系处理得当，使视觉产生出平衡感，这就是非对称性均衡。将形态放置的位置、大小等这些视觉感知的资料，配合其他感受，将它与过去经验相关的信息进行比对和辨认，并根据输入的刺激信息进行分类，给予注意，以确认这是否一个视觉平衡的信号。非对称

（a）

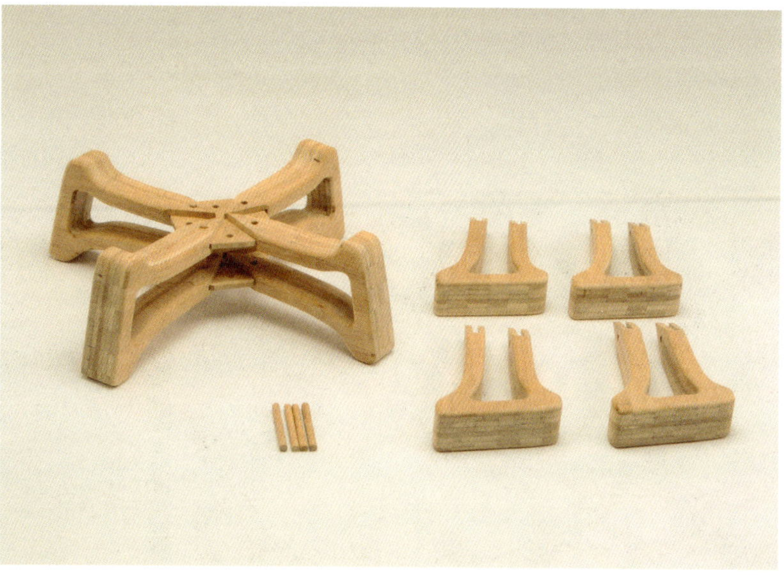

（b）

图5-4　形态的对称均衡

的均衡方式不仅打破了对称手法存在的呆板和沉闷等缺陷，而且能增强形态放置的灵活性，易于与我们所肯定的预测相符，引起大家情感比的积极反应，并满足视觉上的舒适感需求。所以，在立体构成中，处理好形态的疏密，虚实、各元素间合理的位置及色彩等组合关系，是成功获得均衡感的关键所在（图5-5）。

（a）

（b）

图5-5　非对称的立体形态

– 补充要点 –

密集形式

密集是指基本形不遵循严谨的骨骼而做自由性的集结和扩散，形成疏密有致排列的形式。

密集形式是少与多、疏与密的对比关系。人的聚会、蚂蚁包围着一粒糖果……这是生活中常见的密集现象。形体密集处，通常情况下是形象的重点所在，当然有时会把空白处作为焦点。众多小形体是构成密集画面的基本条件，在基本形大小相同的情况下，只能依靠形与形的空间变化作疏密变化的配合。或利用近似或指向中心而形成密集形式，或利用形体的肌理差异、色度变化等手段，都可以组织密集形式（图5-6）。

（a）

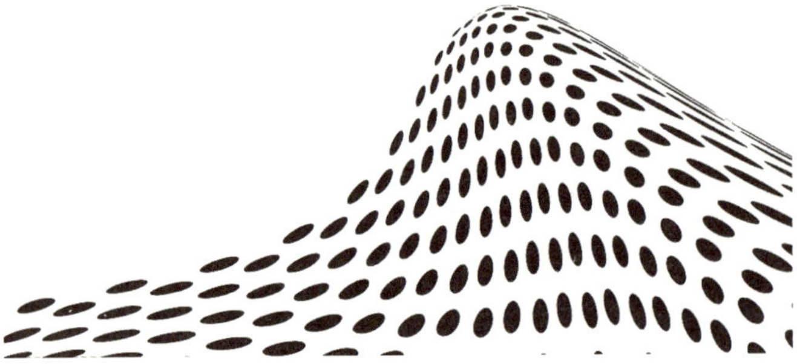

（b）

图5-6　密集形式

- 经典设计赏析 -

马瑟韦尔的抽象艺术（图5-7）

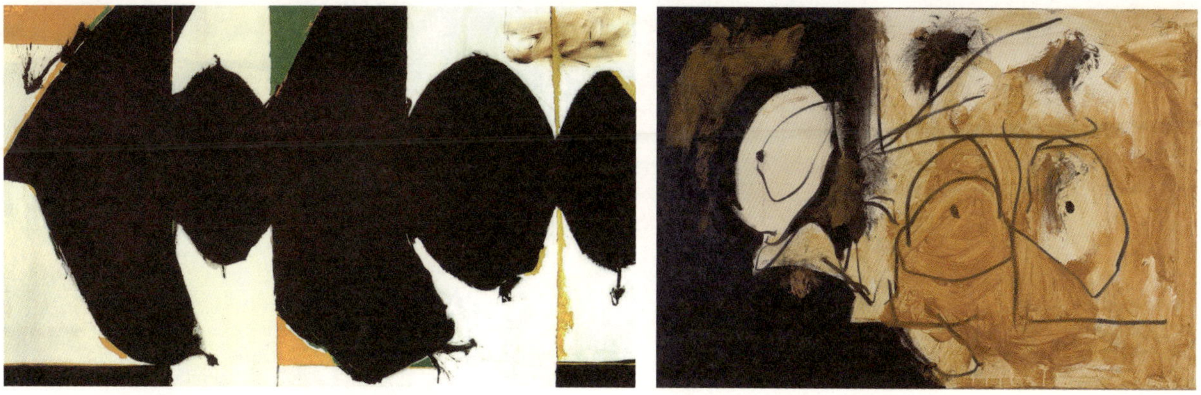

（a）　　（b）

图5-7　马瑟韦尔抽象画

第三节　立体构成的综合应用

综合构成是强调通过点、线、面、块的衬托，对比、渐变、叠加、分离、接触等关系组合的形式变化，创造出符合不同需求的立体形态。任何立体形态的创造都有目的性，并存在一定意义。

一、立体构成在POP设计中的应用

POP（Point Of Purchase），售点广告是一个直接与消费者见面的媒体，是销售点或购物现场内所做的各种广告的总称。POP广告具有产品信息的告知功能，具有唤起消费者潜在购买欲望的功能，具有营造销售气氛以及宣传企业形象的功能。它的形式也是多种多样的，有店面的内饰形象POP、橱窗POP、立式展示陈列POP等（图5-8）。

（a）

（b）

（c）

（d）

图5-8　展示橱窗

二、立体构成在包装设计中的运用

包装设计是以商品的保护、使用、促销为目的，将科学的、社会的、艺术的、心理的诸多要素综合起来的专业设计学科。从艺术设计的角度来说，包装设计既是平面的艺术也是立体的艺术，其内容主要有造型设计、包装结构设计、装潢设计等。

包装设计中一个较为重要的设计元素是包装的造型设计，包装设计从本质上可以理解为是一种立体造型活动。与其他设计相同，包装的外形设计是由其本身的功能来决定的。设计师根据产品的性质、形状和重量来决定包装的造型结构，将立体构成的原理合理利用在设计中。

在包装设计中，立体构成的理论无处不在，无论是从包装盒的切割、折叠和插接等加工手段，还是立体造型的结构，都与立体构成有着千丝万缕的联系。

纸盒是一个立体的造型，它的形成过程是由若干个组成面的移动、堆积、折叠、包围而形成的一个多面形体的过程。立体构成中的面在空间中起分割空间的作用，对不同部位的面加以切割、旋转、折叠，就能表达出不同的情感。平面有简洁、光滑之感；曲面有柔软、温和之感，这些情感体现都是我们在研究纸盒结构时必须考虑的。

面的接合在纸盒造型中通常以点接、线接、面接三种方式出现。以纸盒底部为例，底部是受重量、压力、振动等因素影响最大的部分，因此常使用面接，利用各面相互拴结锁扣等方法，将盒底牢固的封口。这种结构使用较为广泛，其中以中小型瓶装产品占多数，如啤酒箱、饮料箱等盒型结构。

纸盒包装的结构在针对商品的功能、特性上，要充分发挥多面体的特点，巧妙地运用形体语言来表达商品的特性以及包装的美感。

包装的造型设计也是一门空间艺术，是用各种不同的材料和加工手段在空间中创造立体的形象。我们在确定了一个基本形后，通常采用雕塑的基本手法，对形体进行切割组合。基本型往往采用几何形体，如球体、立方体、圆柱体等。

除此之外，设计师还经常采用模拟法进行造型设计。模拟法就是通过对一个物体进行模拟，以此来获得趣味性和生动性，增加造型的展示效果，吸引消费者的购买欲望。在前两章介绍过仿生构成，仿生也是模拟中的一种，它对于反映我们生活的情感、丰富自己的表现有着重要的作用。

总而言之，包装设计是产品价值的转换形式，一个包装就代表一个商品的形象，是一种商品价值的反映。随着时代的发展，包装已经成为沟通产品和消费者之间的重要纽带，同时也是为我们提供多种多样生活方式的媒介之一。包装在现代社会中是一种征服消费者的手段（图5-9）。

(a)

(b)

(c)

(d)

(e)

图5-9　包装设计中的立体构成

三、立体构成在产品设计中的应用

产品是为了满足人类自身需要物质和精神需要产生的。人们的生活水平不断提高、技术不断发展，也促进了生产力的迅速发展。面对同一功能的产品，人们更愿意选择外观符合其审美要求的那一类。当今的产品设计功能正在逐步趋向功能完整、外形个性化、多元化的发展方向。

产品设计是艺术与科学技术的结合，是使用功能和审美的结合体，所以，产品设计的三个设计要点就是功能性、经济性与美观性。产品的设计过程就是把抽象的理念和技术转化为实际存在的物体，这个过程也就是我们所说的创造性思维。学习立体构成的目的就是为了掌握立体结构的规律和造型方法，培养自身的创造性思维。许多优秀的产品都是立体构成造型融入了实用的功能性后形成的。

产品造型的塑造，应该满足工艺技术、人体工学和美学三方面的知识要求，通过对形态、材质、色彩以及材料的加工手法结合进行表达。

随着时代发展，设计师在进行产品设计时已经不满足于单纯的实用性，而是在满足实用性的同时更多的注入了精神和文化的内涵。因此在现代产品设计中，既要强调造型的实用性、稳定性、安全性，同时还要强调产品的活力和生命力。

在现代商业市场的背景下，为了满足市场需求，吸引消费者的目光，产品需要与当下的流行元素和社会热点巧妙结合，在实用美观的前提下彰显使用者的兴趣爱好以及价值取向，才能获得消费者的青睐与信任。例如，在家具产品中加入拟人化的表情动作，会给人一种亲切、可爱的感觉（图5-10）。

（a）

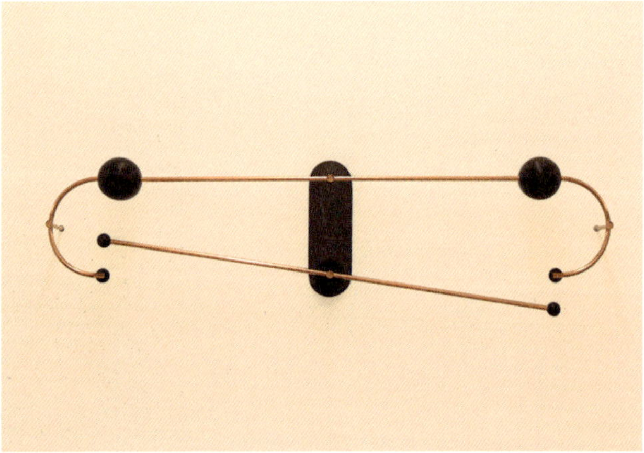

（b）

（c）

（d）

图5-10　立体构成在产品设计中的应用

四、立体构成在室内空间设计中的应用

室内空间设计是从建筑内部把握空间，根据空间的实际性质，运用物质技术和艺术手段，创造出功能合理、美观舒适，符合人的生理、心理要求，便于工作、生活、学习，让使用者感到身心愉快的空间场所。在这里将从三个方面讲述立体构成在室内设计中的应用。

1. 空间形象的分割运用

空间形象的分割运用指在建筑设计的基础上，对建筑的内部空间进行处理，调整其空间的尺度和比例，使空间的分割、衔接、对比达到和谐统一。例如，现代主义大师密斯凡德罗设计的巴塞罗那世博会德国馆，融合了技术和现代主义建筑的理念，充分展示了空间分割的和谐之美。

现代的室内空间设计，已经不满足于在封闭规范的室内进行简单的层次划分，设计师在水平方向上，往往采用垂直面交错的配置，形成空间在水平方向上的穿插交错，在垂直方向上则打破上下对位，创造上下交错覆盖、相互穿插的立体空间，使观赏者感受到结构所形成的美的环境。

展示设计的本质是运用空间进行场地规划，人为的创造环境的艺术。因此为了营造出特定的气氛和环境，展示设计需要注意展示道具的形态塑造和布置，对色彩的运用及灯光照明的布置。通过对空间的划分和联系，对人进行引导。展示空间包括开放空间、闭合空间、通透空间等，不同的空间会形成不同的空间感受（图5-11）。

（a）（b）（c）（d）（e）

图5-11　室内设计中的构成应用

2. 空间内的装饰运用

指按照空间处理的要求，将空间的墙面、地面、天花板等界面进行处理，其中还包括对分格空间的实体、半实体进行处理。

在室内空间中，大多数物体只要相对于所处空间来说足够小，都能将其看作是一个点。例如，大房间内的小幅小画或一个家具。尽管它们面积很小，但在空间中的作用却不可小视。室内空间界面基本上就是对形态、色彩、光照、材质等因素进行处理，从而产生不同的结构，产生不同的氛围。

3. 空间内的陈设与道具的构成

首先，造型的设计与选择要应用立体构成的对比、协调的形式原理，追求统一协调，考虑整个大环境的对比关系是否足够。若环境的对比关系已经足够，那么，其空间内的造型设计或选择，可考虑用统一协调的方式处理，即尽量不突出道具本身的造型与色彩，使其在协调环境方面起一定的作用。在形态上，比如原来环境是简洁的平面天花板，与立面和造型丰富的地面已形成强烈的对比，道具的造型宜选用同时具有与平立面和天花板相近的形态元素，并让其造型的复杂程度处于中性，对协调全环境造型也能起到很好的作用。因此要充分利用立体构成中元素间的基本规则去进行设计，从而达到一个力度均衡、构成稳定的室内空间。例如，西班牙古根海姆博物馆室内空间的陈设艺术，充满了解构主义风格，达到了一种非理性的均衡结构，或用简洁理性的黑白两色的家具来构成一个较为稳定、平和的室内空间。

其次，展示空间中的造型实体，是由立体造型中的点、线、面、体等形态要素组成，这些形态要素不仅起到了划分和限定空间的作用，而且在承载产品的同时，还传达产品的信息和风格（图5-12）。

（a）

（b）

图5-12 空间装饰

— 补充要点 —

草间弥生的个人艺术

草间弥生的创作被评论家归类到相当多的艺术派别，包含了女权主义、极简主义、超现实主义、原生艺术、普通艺术和抽象表现主义等。但在草间弥生对自己的描述中，她仅是一位“精神病艺术家”。从她的作品中可以看到，她企图呈现的是一种自传式的、深入心理的、性取向的内容；草间弥生所用的创作手法有绘画、软雕塑、行动艺术与装置艺术等。草间弥生在相当早的创作时期就展示出了自己的特色，她善用高彩度对比的圆点花纹加上镜子，大量包覆各种物体的表面，如墙壁、地板、画布、家里会出现的物品。她自己的打扮往往也与作品有很高的同质性，并以短上衣和非常强烈的眼影妆闻名。草间弥生曾说明这些视觉特色都来自于她的幻觉，她认为这些点组成了一面无限大的捕捉网，代表了她的生命（图5-13、图5-14）。

图5-13　波点南瓜

图5-14　富士山

- 经典设计赏析 -

克里姆特的分离艺术（图5-15）

（a）

（b）

图5-15　克里姆特分离艺术

课后练习

1. 简述什么是立体构成的序列感。
2. 收集一些包装设计作品，并分析立体构成在其中的形式及原理。
3. 收集一些产品设计作品，并分析立体构成在其中的形式及原理。
4. 收集一些室内空间设计作品，并分析立体构成在其中的形式及原理。
5. 举例说明，学习立体构成对本专业有哪些实际意义。

第六章
手工立体构成作业与优秀作品

PPT 课件，请在计算机里阅读

学习难度：★☆☆☆☆
重点概念：手工作业、优秀作品

章节导读

很多学生在欣赏美术作品时更多地将注意力放在造型的手法上，“复杂的手法”成了学生评价立体构成作品的主要标准，而忽略了作品的其他方面。立体构成艺术作品是观察、理解、情感、探索和创造能力的综合载体，它因人而异，所以，在评价一件作品时不能仅凭造型方法去衡量。学生作品在艺术表现的技艺水平方面一般不具备很高的表现水准，但在个性特点和情感表现方面往往有自己的特长。

第一节　立体构成作品解析

对于半立体构成作品的制作，通常会选用可塑性强和强度较好的纸张，例如铜版纸等，在纸上将图形画出，要注意走线的可操作性，很多同学会认为曲线比较难制作，其实画曲线的方法基本和直线是相同的，不同之处就是先画好曲线，然后按照直线折形的方式做成即可，曲线拥有优美的流动感，往往会和直线搭配在一起使变化更加丰富（图 6-1）。

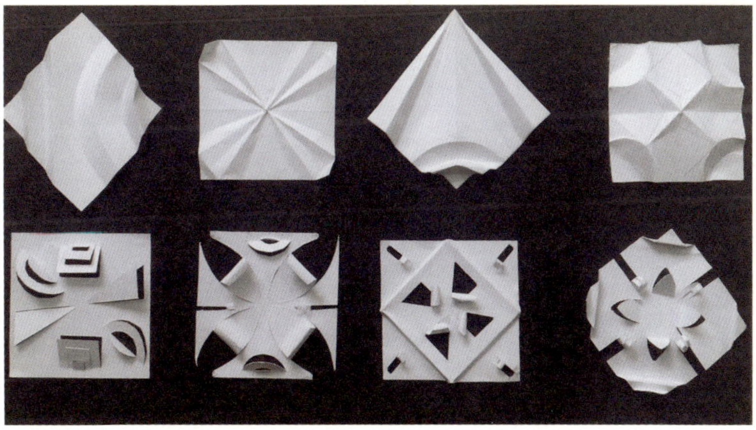

（a）

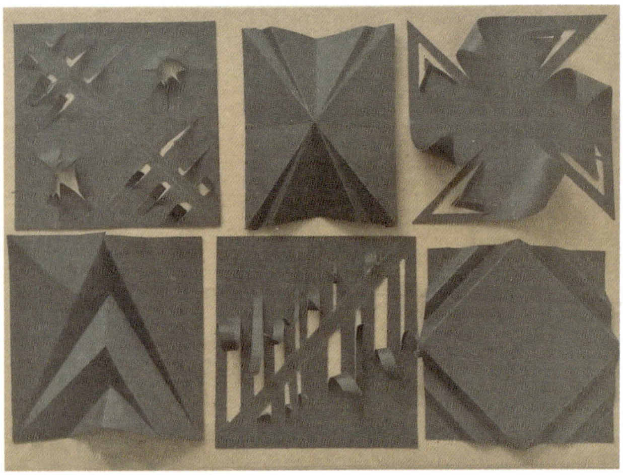
（b）

（c）

（d）

（e）

（f）

（g）

（h）

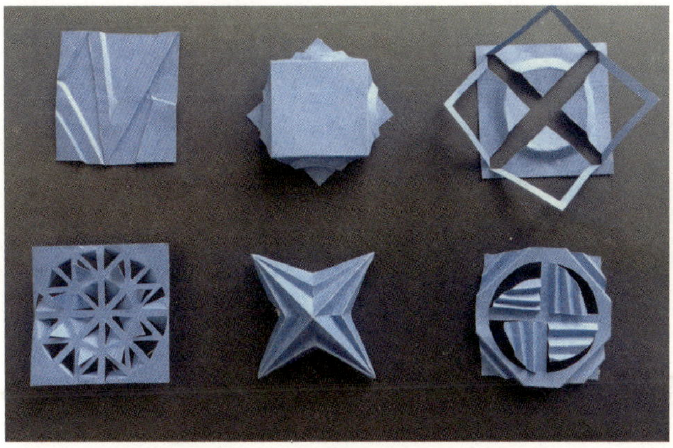
(i)

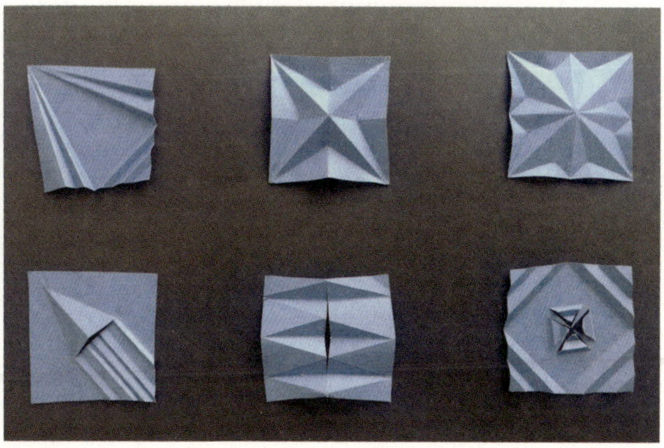
(j)

(k)

(l)

图6-1　纸张半立体构成

软陶的兴起缘于二战以后，从那时起，欧洲人就开始玩这种低温聚合黏土了，在中国出现的时间大约在20世纪80年代，最初流行是在台湾地区。“软陶”这个称谓就是沿袭了台湾的叫法。20世纪30年代，当德国雕塑家创造这种材料时，由于它是具有高度延展性和可塑性，图样像千万种花一样缤纷灿烂，软陶的多变特性，又成为启发创造思考、培养文化气质的教材，可充分满足人类的创造欲望，很快便风靡了整个欧洲地区，后来传进美、日（图6-2）。

(a)

（b）

（c）

（d）

（e）

（f）

（g）

（h）

（i）

图6-2　软陶立体构成

纸碗装饰更多的是训练学生一种小空间运用的能力，在不大的空间里，利用立体构成以及绘画的知识进行穿插、造型等，将一个小纸碗变成一个可以诉说的小故事。在进行纸碗装饰立体构成时，要注意不要将思维局限在碗内的空间，学会延展和向外发散（图6-3、图6-4）。

（a）

（b）

（c）

图6-3　纸碗装饰立体构成

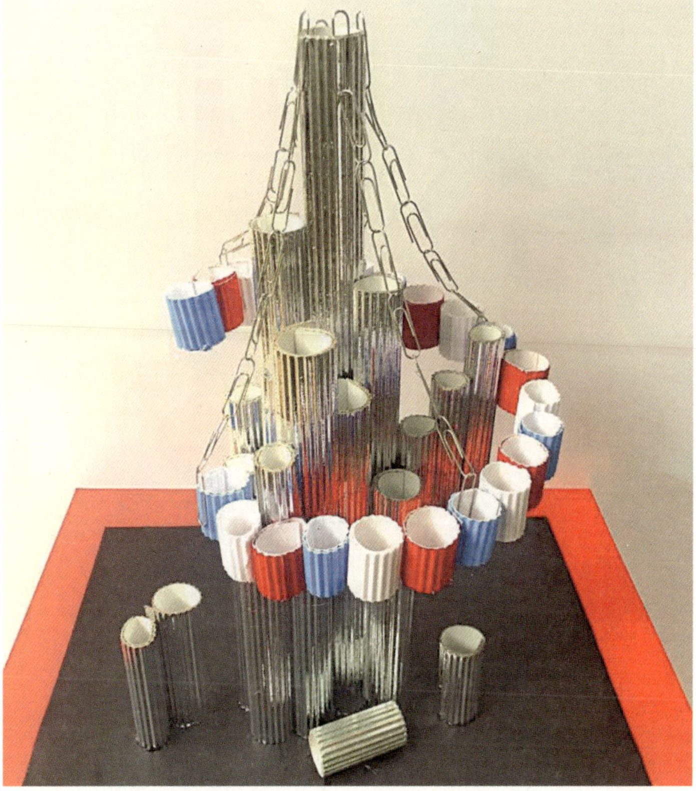

（a）

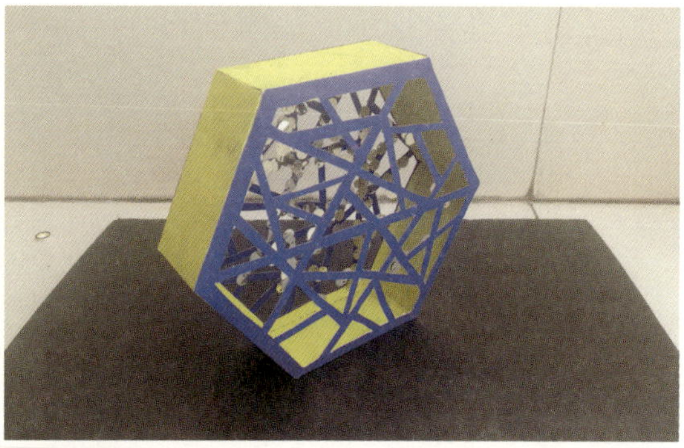

（b）

（c）

（d）

(e)

(f)

(g)

(h)

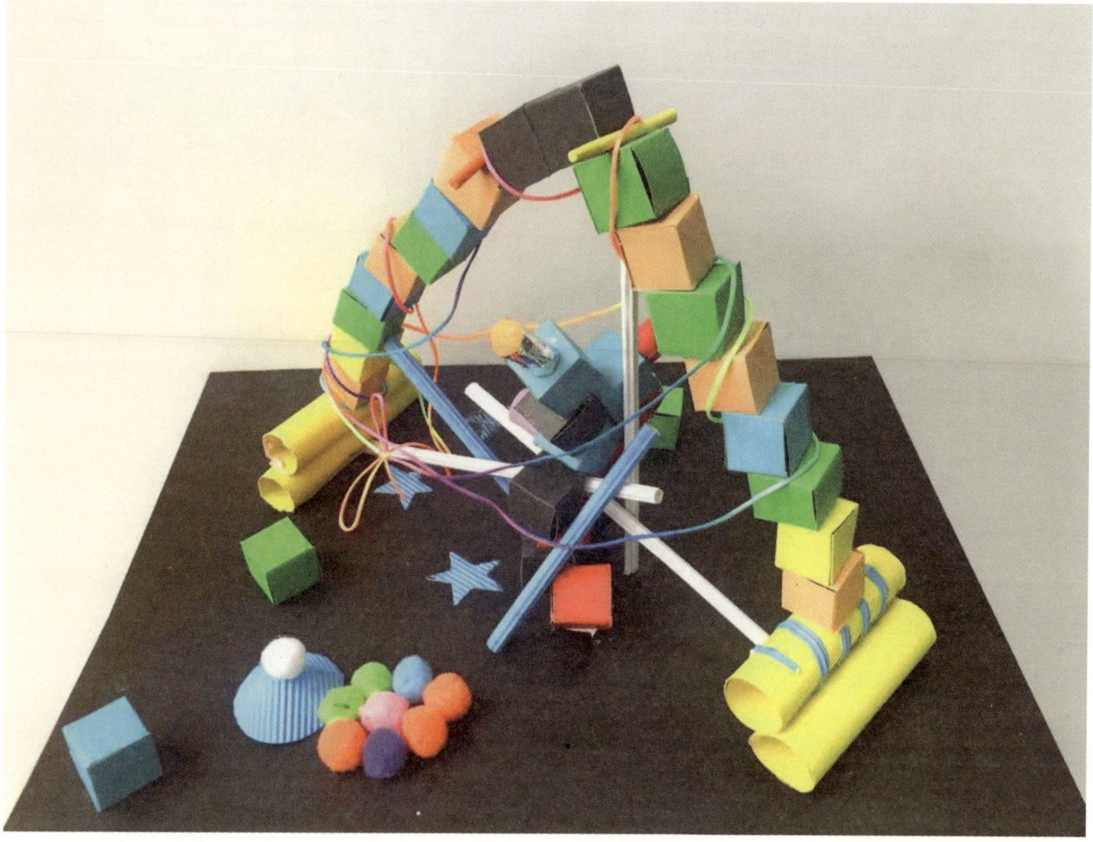

（i）

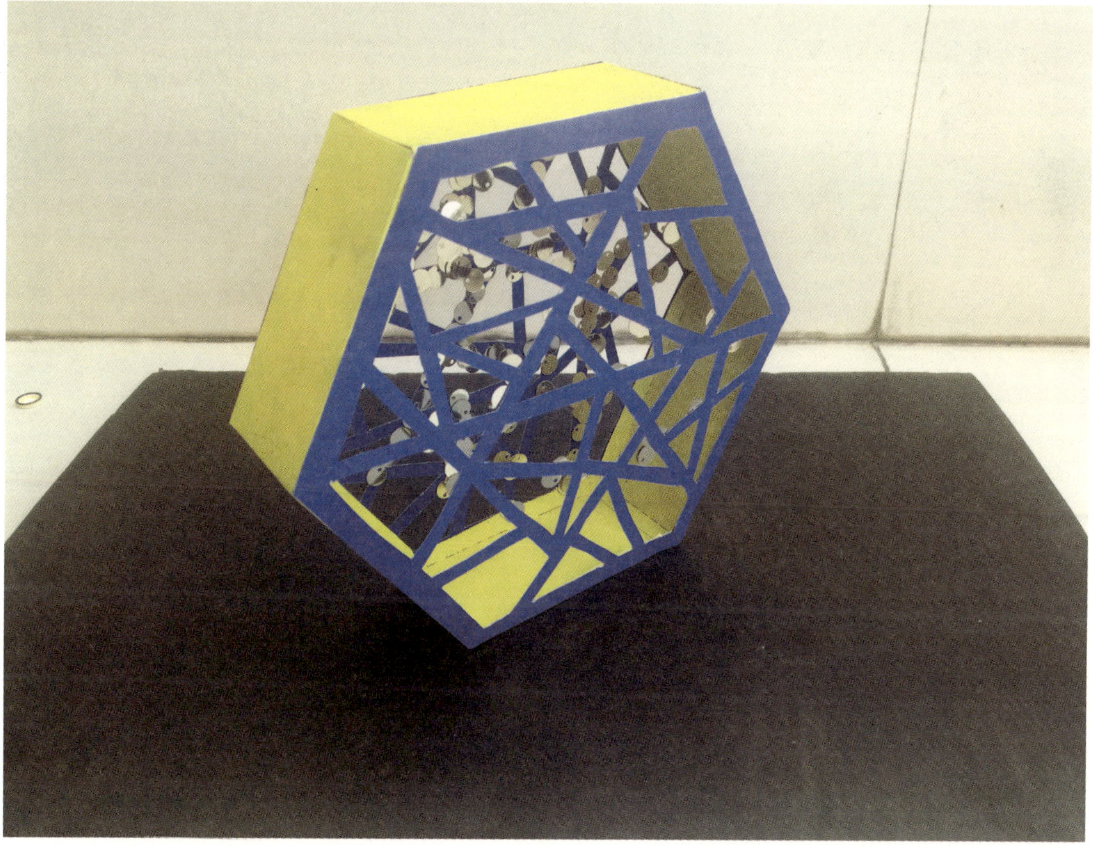

（j）

图6-4　综合立体构成作业

包装立体构成除了要有立体构成的设计要素之外，还要遵循包装的设计要素，所以要做到以下四点：方便性、保护性、变化性以及科学合理性。包装的外形不宜太复杂，单纯以几何形为基本形态，稍作处理，这是为了之后的工艺印刷、制作以及储存。弯曲可以来改变面的单调，切割也是常用手法，通过对面、边、角的减法处理，进行形状、部位、大小、数量等的变化。除了弯曲、切割的手法还有折叠、添加以及特异的手法。包装立体构成是对包装设计的一个初步练习与入门，想要设计出好的包装，就要学会其基础的立体构成（图6-5）。

（a）

（b）

（c）

（d）

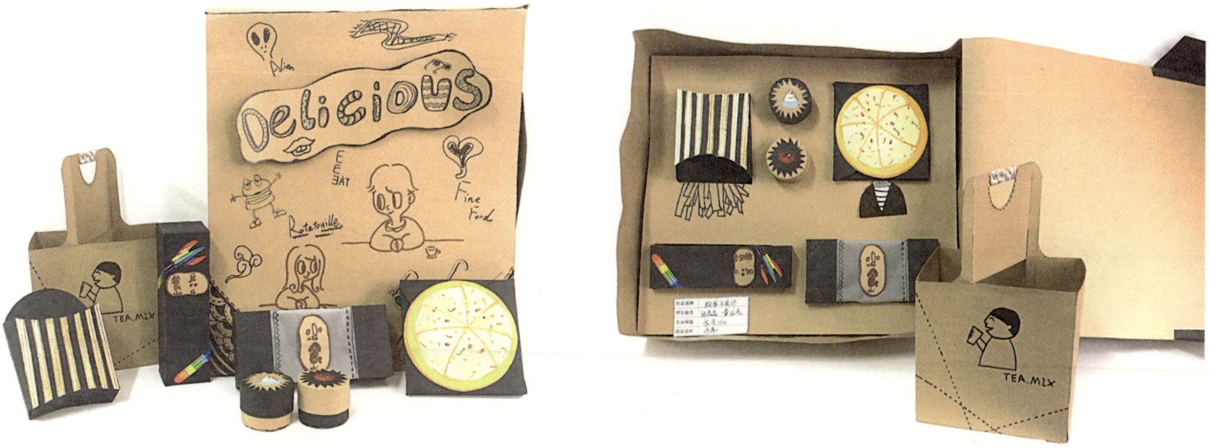

(e)

(f)

(g)

(h)

（i）

（j）

图6-5　包装立体构成

第二节　优秀立体构成作品欣赏

见图6-6~图6-25。

（a）　（b）

（c）　（d）

图6-6　半立体构成优秀作品

（a）　（b）

图6-7　线立体构成

图6-8 线面结合立体构成

图6-9 绿色灯具立体构成

图6-10 以蚊香为主题的立体构成

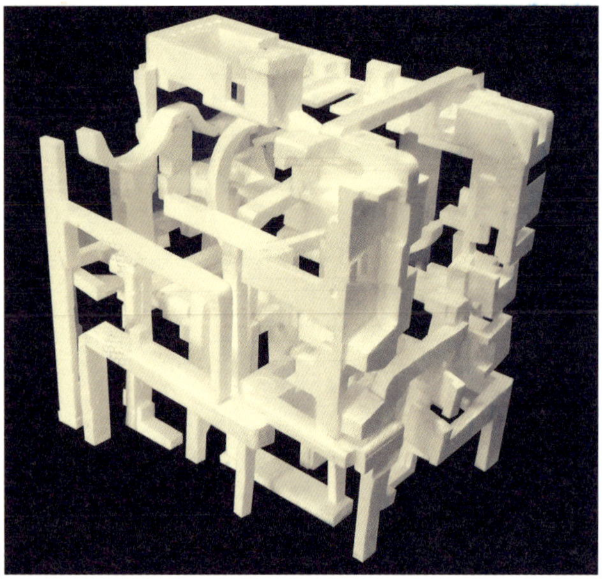

图6-11　以埃舍尔作品为主题的立体构成

图6-12　球状花形立体构成

图6-13　以光碟为材料和基本形的立体构成

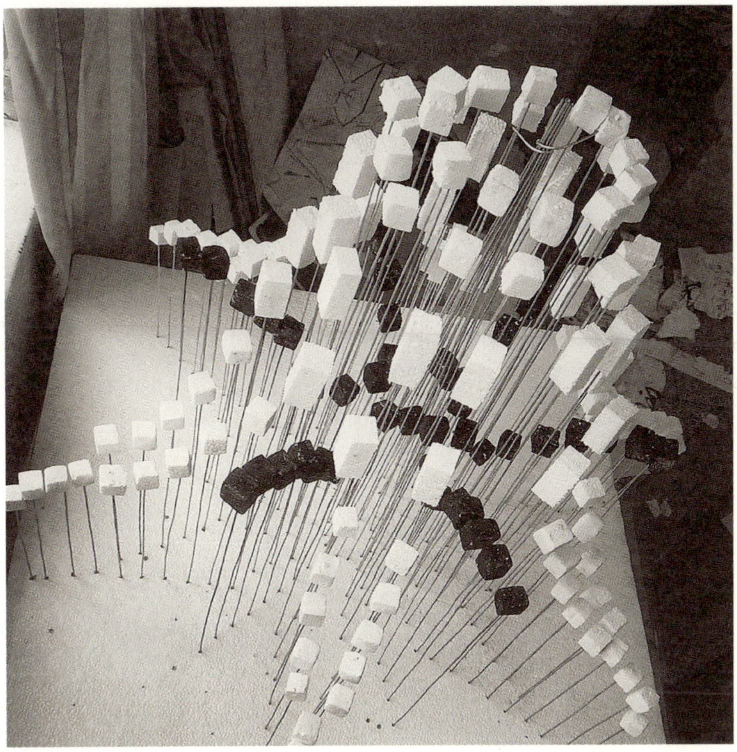

图6-14　以冲天为主题的线与点结合的立体构成

图6-15　半立体构成组合的猫咪

（a）

（b）

图6-16　立体构成在园博园中的实际应用（黄冈园）

（a）

（b）

图6-17　立体构成在园博园中的实际应用（荆州园）

图6-18　以植物为材料的立体构成

（a）

（b）

图6-19 加入色彩的半立体构成

课后练习

1. 选用100mm×100mm的白色铜版纸，制作8~10个半立体构成。

2. 以“腾飞”为主题，制作1件立体构成作品，要求长、宽、高各边长均大于250mm。

参考文献

REFERENCES

[1] 张海力，郝凝.立体构成［M］. 北京：人民邮电出版社，2015.

[2] 王树琴.立体构成设计教程［M］. 北京：人民邮电出版社，2011.

[3] 金剑平.立体构成［M］. 湖北：湖北美术出版社，2006.

[4] 胡海权.立体构成与应用［M］. 北京：清华大学出版社，2014.

[5] 邹林.立体构成基础与应用［M］. 湖北：武汉大学出版社，2015.

[6] 黄丽丽.立体构成［M］. 北京：北京大学出版社，2017.

[7] 胡璟晖.立体形态构成［M］. 北京：化学工业出版社，2015.

[8] 原口秀昭.路易斯.I.康的空间构成［M］. 北京：中国建筑工业出版社，2008.

[9] 王秋红，沈黎明.立体构成与设计［M］. 上海：东华大学出版社，2007.

[10] 让尼娜·菲德勒,彼得·费尔阿本德.包豪斯［M］. 查明建,译.浙江：浙江人民美术出版社，2013.

[11] 弗里德瓦尔德.包豪斯［M］. 宋昆,译.天津：天津大学出版社，2011.